Hartmut Schustereit

•

Felix, der Glücksmensch

Hartmut Schustereit

Felix, der Glücksmensch

Erzählung

FRIELING

Bibliografische Information der Deutschen Nationalbibliothek
Die Deutsche Nationalbibliothek verzeichnet diese Publikation in der Deutschen Nationalbibliografie; detaillierte bibliografische Daten sind im Internet über http://dnb.d-nb.de abrufbar.

Rheinstraße 46, 12161 Berlin
Telefon: 0 30 / 76 69 99-0
www.frieling.de

ISBN (Print): 978-3-8280-3542-3

1. Auflage 2020
Umschlaggestaltung: Michael Beautemps

Printed in Germany

Inhalt

Felix

Vom Dachgarten des Hotels *Majestic* hatte man einen herrlichen Blick auf den Baumbestand eines alten Parks. In diesem Augenblick jedoch wurde dessen Schönheit von der kleinen geselligen Runde, die sich auf ihm eingefunden hatte, nicht bewundert. Ihre Aufmerksamkeit galt etwas anderem. Es schien so, als ob sie auf jemanden wartete.

„Wie ist es möglich, daß Kartner noch nicht da ist? Er ist zwar nicht königlichen Geblüts, doch beachtet er strikt den Leitsatz: ‚L'exactitude est la politesse des rois.' – Wo bleibt er nur?"

Mit diesen tadelnden Worten hatte sich Bernhard Altenbusch an einen Freund gewandt, der gerade seine Dolmetscherprüfung in Französisch glänzend bestanden hatte.

Da sich Eckehart Weißadel angesprochen fühlte, hatte er sich ebenfalls erhoben und nach unten geschaut. Dann musterte er Altenbusch und spöttelte: „Seit wann hat sich dein Blick so getrübt, daß du nicht mehr klar siehst? Es sind", entgegnete er, „noch einige Minuten bis zur verabredeten Zeit und Kartner – da kommt er übrigens – hat wie immer das königliche Wort zur Pünktlichkeit beachtet."

Währenddessen hatte auch Altenbusch über die Brüstung geblickt. Überrascht rief er aus:

„Quelle surprise! Je vois un miracle – ou bien un mirage? – Sieh da, es nähert sich Felix höchstpersönlich!"

„Gibt es einen Grund für deine verbale Überschwenglichkeit? – Du hast doch weder ein Wunder erblickt noch bist du einer Täuschung erlegen, sondern du hast „nur" Felix gesehen."

Als Weißadel die unangenehm berührte Miene Altenbuschs bemerkte, fügte er beschwichtigend hinzu: „Ich verstehe allerdings dein Erstaunen. Auch mir erscheint es ungewöhnlich, daß" – er hüstelte ironisch – „Seine Gnaden geruhen, selbst zu kutschieren. – Felix."

„Für Herrn Krates, den ich gerade gesehen habe, konnte es keinen passenderen Vornamen als diesen geben, weil er ihn gleichzeitig als einen ständig vom Glück Verwöhnten bezeichnet."

„So? Erkläre dich näher!"

„Gern."

„Ich meine den", erwiderte Altenbusch, indem er nochmals zu dem massiv gebauten Mann hinuntersah, der eben seinem Sportcabrio entstiegen war, dem luxuriösesten von allen. „Äußerlich ist an diesem Herrn Krates nichts Besonderes zu erkennen. Allgemein bekannt ist, daß er einerseits außerordentlich hart arbeitet, andererseits jedoch sein Leben in vollen Zügen genießt und immer ‚obenauf' ist.

Bei allem, was er tut, wird er vom Glück – und zwar dauerhaft! – derartig begünstigt, daß er offenbar nicht nur eine Glückssträhne besitzt, sondern, daß es ihm geradezu im Schoß sitzen muß. Dies währt schon so lange, daß es wohl immer so bleiben wird."

Auf diese Ausführungen, die mehr Erstaunen und Bewunderung als Neid oder gar Mißgunst verrieten, reagierte Weißadel mit einem sarkastischen Lächeln. „So? – Dann laß dich an das Klassiker-Wort erinnern, daß keinem Irdischen des Lebens Freude ungemischt zuteil wird."

„So? Nun, in diesem Fall ist das bis jetzt so gewesen. Erkundige dich deswegen nur bei anderen."

„Das sollten Sie tun", mischte sich einer ein, der nach längerer Abwesenheit wieder zu dieser Runde gestoßen war und bisher geschwiegen hatte. Daß der sich oft erst nach längerer Zeit zu Wort meldete, hatte ihm den Spitznamen „Der Schweiger" eingetragen. Doch wenn er dann einmal zu sprechen begonnen hatte, war er kaum mehr zu bremsen. So auch jetzt.

Felix' Jugendzeit

„Ich möchte Ihnen etwas aus der Studienzeit Krates' berichten, was kaum noch jemandem bekannt ist. Und dies, obwohl er damals gerade mit dieser Geschichte oft geprahlt hat.

Vorweg möchte ich erwähnen, daß er pro Woche über Mittel verfügte, die den meisten anderen für ein halbes Semester reichen mußten. Gerade deswegen wollte er ständig zeigen, wie wohlsituiert er war, und das nicht etwa erst „seit gestern". Aus diesem Grunde erzählte er besonders gern die Geschichte eines Altvorderen aus seiner weitverzweigten Sippe:

‚Nachdem in Europa zu Beginn der Neuzeit zunächst in Italien die Geldwirtschaft eingeführt worden war und sich allgemein durchgesetzt hatte, ging ein Banker aus dem Zweig unserer Familie, die in Augsburg ansässig war, nach Neapel. Nachdem er dort sein Glück gemacht hatte, kehrte er reich an Geld und Gut in die Heimat zurück.'

Als er bald danach eines schönen Abends mit Geschäftsfreunden beim Barolo zusammensaß, erzählte er etwas, worüber er sich immer wieder erheiterte. ‚Nach einem besonders gelungenen Handel lagen die Zecchinen in solchen Haufen auf dem Tisch, daß ich anerkennend tirilierte: Euch, meine lieben Freunde, gönne ich diese ›Kröten‹ besonders.

So gut auch einige meiner Geschäftspartner Deutsch sprachen – mit dieser Bezeichnung vermochten sie nichts anzufangen und fragten mich deshalb nach ihrer Bedeutung. Als ich ihnen gesagt hatte, daß mit ›Kröte‹ Geld gemeint sei, rief mir einer laut auflachend zu: ›Jetzt bist du unser deutscher bufo und …‹ Er kam nicht weiter, weil ein anderer ihn ergänzte, indem er hinzufügte: ›Nicht nur bufo, sondern gleich *Belbufo*.‹

Nun verstand ich nicht, was gemeint war. Man hatte mich

zwar bei geselligen Treffen oft singen gehört – doch mich gleich zu einem Buffo zu erheben? Nun, ich erklärte mir dies so, daß er mich, höflich wie er war, mit dieser Bezeichnung ehren wollte, daß ich eine Art deutscher Krösus war.'

Doch dann kam es zu einem Wortgefecht, dessen Ausgang Krates für immer von dieser Episode schweigen ließ. Während eines zunächst harmlosen Geplänkels hatte er begonnen, einen Kommilitonen wegen seines Namens zu hänseln. ‚Sie heißen Johannes Neuhaus, doch wieviel schöner würde Giovanni Casanova klingen! Oder nein, wohl doch nicht: diese casa wäre vermutlich kein Palast, sondern nur ein Hüttchen.'

Zum Erstaunen aller blieb der so Verhöhnte völlig gelassen. Nur der Ton, mit dem er zu sprechen begann, ließ auf eine ätzende Replik schließen.

‚Wären Sie des Italienischen mächtig, hätten Sie dies alles für sich behalten. Ich bin mir nämlich sicher, daß der italienische Geschäftsfreund Ihren Uronkel nicht als ›buffo‹, sondern als ›bufo‹ benannt hat, was der allerdings nicht herausgehört haben dürfte. Deswegen ist ihm nicht bewußt geworden, daß er nicht nur verspottet, sondern durch den Zusatz ›bel‹ vollständig ins Lächerliche gezogen worden ist.

Ihrer Italienisierung meines Namens begegne ich mit der Verdeutschung des Namens Ihres Verwandten. Mit ›bufo‹ wurde dieser nicht nur als Kröte verunglimpft, sondern darüber hinaus mit ›bel‹ als ›Schönkröt‹ geradezu verschrien.'"

So schlagfertig Krates im Allgemeinen war – diese Schmähung empörte ihn derartig, daß er den Frotzler nur noch mit einem vernichtenden Blick maß und ihm dann wortlos den Rücken zukehrte. Wie hatte es dieser wagen können, über ihn, Krates, und seine Sippe so zu lästern! Na warte! – Zu Weiterungen kam es allerdings wegen des Semesterendes und auch deswegen nicht mehr, weil man sich aus den Augen verloren hatte.

Nachdem es ihm dieser Vorfall vergällt hatte, weiterhin

diese seiner Lieblingsgeschichten zu erzählen, hatte er eine andere so oft aufgetischt, daß sie vielen bekannt geworden war.

Es war eine recht amüsante Begebenheit gewesen, die schon zu seiner Studienzeit die Freundschaft mit Hans Großner begründet hatte.

Diesem war eines Tages aufgefallen, daß Krates besonders gut gelaunt war. Sogleich hatte er anzüglich gefragt: „Nun?!"

Krates, der sofort verstand, worauf Hans unausgesprochen anspielte, antwortete vergnügt: „Ich freue mich, Susi vor dir kennengelernt zu haben. Sie ist so hübsch, daß ich sie dir, wenn es anders gewesen wäre, hätte wegschnappen müssen."

„Das hättest du nicht zu tun brauchen, weil auch mir eine Schöne – ach, Fritzi! – begegnet ist."

Mit dem Ruf „Gute Jagd!" trennten sie sich und erlebten gleich darauf etwas, dem sie verständnislos gegenüberstanden.

Als Krates *sie* sah, rief er schon von weitem erfreut: „Wie schön, Susi, dich so bald wiederzusehen!"

„Was fällt Ihnen ein, mich zu duzen? Ich verbitte mir dies ein für alle Male. Und vor allem: Belästigen Sie mich nicht!", wies ihn die Angesprochene schnöde ab und wandte ihm den – zugegebenermaßen schönen – Rücken zu.

Als Krates den anderen kurz darauf zufällig erneut traf, berichtete er ihm dies. Merkwürdigerweise war es Großner mit seiner Fritzi ebenso ergangen.

Was sollte denn das?! Erst „schöne Augen" machen und dann …! „Das wollen wir ergründen", riefen beide wie aus einem Munde. „Laß uns bei einer Tasse Kaffee besprechen, wie wir die Sache klären können."

Als sie ein Café betraten, erblickte der vorausgehende Krates Susi. „Na, bist du immer noch böse?", fragte er und setzte sich zu ihr.

„Sie werden immer unverschämter! Ich werde gleich um Hilfe rufen. Ach – schon da! Hierher, Hans!"

„Wie schön, daß du da bist, Fritzi.“ – Krates angrinsend, spottete er: „Der böse Onkel wird niemandem etwas tun.“

„Das wollte ich ihm auch nicht geraten haben“, ließ sich eine weibliche Stimme hinter dessen Rücken vernehmen. Krates drehte sich um und erblickte – Susi.

Als die Zwillinge die verblüfften Mienen ihrer Verehrer sahen, begannen sie so zu lachen, daß diese, ohne zu zögern, mit einstimmten.

Felix, der Tycoon

So sehr sich die Äußerungen über Krates unterschieden – aus ihnen insgesamt und vor allem aus seinen eigenen Beobachtungen formte sich vor Weißadels innerem Auge allmählich das Bild eines Menschen, der sich in vielerlei Hinsicht von den meisten anderen abhob, und zwar keineswegs nur positiv.

Wer war Krates? – Seine massive Gestalt wirkte wie die eines Schwerathleten. Seine dunklen Augen unter einem dichten Haarschopf und einer flachen Stirn schienen mal zu leuchten, mal kalt und gefühllos zu blicken. Alles in allem konnte man ihn für gut aussehend halten, wenn man von einer kleinen Eigentümlichkeit absah. Wenn sich sein Gesicht gelegentlich so verzog, daß sich seine fleischigen Wangen stark auswölbten, ähnelte es dem einer Kröte oder eines Frosches.

Dieser Krates war außerordentlich stolz darauf, einer alteingesessenen großbürgerlichen Familie zu entstammen, aus der sich im Laufe von Jahrhunderten immer wieder einmal eines ihrer Mitglieder auf politischem, militärischem oder wirtschaftlichem Gebiet so hervorgetan hatte, daß es in den Geschichtsbüchern vermerkt worden war.

So manche dieser Eigenschaften seiner Vorfahren hatte sich auf Krates weitervererbt. Er war sehr intelligent, von hohem Urteilsvermögen, entschlußkräftig, schlagfertig und zugleich spottsüchtig; hinzu kam sein großer Fleiß. Nahezu alles hatte ihn befähigt, schon in jungen Jahren außerordentlich erfolgreich zu werden und ein hohes gesellschaftliches Ansehen zu erringen. Vor allem war es ihm deswegen gelungen, weil er allgemein – und zwar zu Recht – als grundehrlicher Geschäftsmann galt.

Diesen Ruf, ja geradezu schon Nimbus, hatte er sich allerdings recht mühselig erringen müssen. In den Anfangszeiten seiner Karriere hatten sich für ihn nämlich mehrmals Gelegenheiten ergeben, durch riskante Machenschaften ungewöhnlich große Gewinne einzuheimsen. Sie waren zwar noch nicht illegal, doch problematisch gewesen, weil sie sich in einer rechtlichen Grauzone bewegt hatten.

Nach langen Überlegungen hatte er die Versuchung überwunden, sich auf diese Weise zu bereichern, und sich dazu durchgerungen, in allem Geschäftlichen immer bis ins Letzte korrekt zu handeln. Das zahlte sich für ihn letztendlich nicht nur materiell, sondern in besonderem Maße auch moralisch aus.

So sehr vieles zu seinen Gunsten sprach – er war keineswegs allseits beliebt. Gewiß, die einen bewunderten ihn grenzenlos, doch andere gingen ihm, wo immer möglich, aus dem Weg, weil sie ihn abgrundtief haßten. Für diese war er nicht im mindesten der Tugendbold, für den ihn jene hielten.

Immer wieder verprellte er jemanden durch seine Verhaltensweise. Zwar besaß er ausgezeichnete Manieren, doch zeigten sich diese nur dann, wenn er mit seinesgleichen, also mit denen sprach, die er als sich ihm gesellschaftlich gleichrangig betrachtete.

So schätzte er zum Beispiel seinen Anwalt nicht nur wegen dessen mehrfacher erfolgreicher Tätigkeit für ihn, sondern auch wegen der vornehmen Familie, der er angehörte. Schon im damaligen monarchischen Deutschland waren aus ihr mehrere Juristen hervorgegangen, die hohe Staatsämter bekleidet und bei Hofe verkehrt hatten. Einer von ihnen hatte sich während der politischen Auseinandersetzungen zur Zeit der Paulskirchenbewegung so sehr für die Belange der Restauration eingesetzt, daß er nobilitiert worden war. Zu seinen Nachkommen gehörte Wieland, Baron von Mimung. Dieser konnte acht Ahnen nachweisen, und Krates betrachtete ihn als gesellschaftlich ebenbürtig.

Auf alle diejenigen hingegen, die nicht seinen Wertmaßstäben entsprachen, blickte er herab. Er klassifizierte sie alle als der Plebs zugehörig ab. Da er dies unbekümmert andere fühlen ließ, machte er sich viele Feinde. Doch das störte ihn in keiner Weise, weil er sie alle verachtete.

Niemanden von denjenigen, die von ihm beruflich abhängig waren, betrachte er als Mitarbeiter, sondern immer nur als Untergebenen. Er fühlte sich so sehr als geborener Herrscher, daß er jeden abkanzelte, der ihn, und sei es noch so höflich, darum bat, ihm die Überlegungen zu erläutern, die zu einer seiner Entscheidungen geführt hatten. Ja, selbst ein stichhaltiges Argument, das sich auf eine von ihm geäußerte Auffassung – dies hieß bei ihm stets *gegen* sie – bezog, erboste ihn so, daß er jeden derartig zusammenstauchte, daß dieser niemals wieder ein Widerwort wagte.

Einem Egozentriker wie Krates kam es nie in den Sinn, einem „Plebejer“ in seinen Diensten für eine Leistung zu danken. Bezeichnenderweise half er niemals irgendeinem von diesen oder empfand gar Mitleid, wenn einen von ihnen ein schwerer Schicksalsschlag getroffen hatte.

Das alles hatte Weißadel erst nach und nach erfahren, jedoch hatte er viele der ihm geschilderten Verhaltensweisen Krates' in mehr oder minder starkem Maße bezweifelt. Dies lag nicht zuletzt daran, weil sich Aussagen, die sich auf ihn bezogen, manches Mal derart widersprachen, daß nicht erkennbar war, welche von ihnen der Wahrheit am nächsten kam. Doch dann ergab sich eines Tages die Gelegenheit, daß er sich selbst ein Bild von Krates machen konnte. Sie war eine Folge aus einer Begegnung, zu der es in seinem Freundeskreis gekommen war.

Der Freundeskreis

Regelmäßig traf sich eine Schar junger, meist lediger Akademiker. Als sich die Ersten von ihnen zusammengefunden hatten, hatten sie nach einem Namen für diese ihre Runde gesucht.

Der Vorschlag, sich *Serapionsbrüder* zu nennen, wurde mit dem Hinweis abgelehnt, daß E. T. A. Hoffmann als der Schöpfer dieses Namens ihn auf einen ausschließlich männlichen Mitgliederkreis bezogen hatte.

Altenbusch, der bereits verheiratet war, hatte vorgeschlagen, auch Frauen teilnehmen zu lassen. Dem wurde zugestimmt. Da man sich als eine Art philosophischer Zirkel verstand, wählte man *Pro veritate.* Auf diese Bezeichnung hatten sie sich geeinigt, weil das lateinische Wort *veritas* vielfältig übersetzt werde konnte, nämlich, wie Altenbusch erläuterte, von *Wahrheit* oder *Wahrhaftigkeit* über *Naturtreue* bis hin zu *Aufrichtigkeit* und *Offenheit.*

Getagt wurde in einem alten Weinlokal, das die Freunde unter sich als *in vino veritas* bezeichneten. Der Hinweis, daß vielleicht die eine oder andere der Damen diese Benennung als verharmlosende Wortwahl für eine trinkfreudige Gesellschaft auffassen könnte, wurde mit dem Zitat aus einer heiteren Schrift entkräftet: „Aber was ein edler Rheinwein ist, der fürchtet sich keineswegs vor kundigen Frauenlippen.“

Dieses lauschige Plätzchen verfügte über einen kleinen Nebenraum, der höchstens ein bis anderthalb Dutzend Personen Platz bot. Wurde die Tür geschlossen, war man so sehr unter sich, daß jedes Thema diskutiert werden konnte, ohne daß ein Unbefugter mithören konnte.

Zu einem dieser Zusammenkünfte hatte Altenbuschs Frau Doris eine gute Bekannte, eine Naturwissenschaftlerin namens Dr. Regina Cordis, mitgebracht. Weißadel war der

Erste, der sie sah. Zutiefst beeindruckt umfingen sie seine Blicke.

Ihr schwarzes Haar glänzte seidig. Die Brauen und die langen, dichten Wimpern waren ebenfalls naturschwarz. Das Schönste in ihrem schmalen Gesicht mit seinem zartrosa Teint waren ihre strahlenden, dunkelblauen Augen und ihre fein geschwungenen Lippen. Ihre Bewegungen waren graziös und ihre Stimme war voller Wohlklang. In ihrer Gänze konnte sie als nahezu vollendet schön gelten.

Nachdem sie vorgestellt worden war, hatte sich Weißadel unverzüglich mit der Frage an sie gewandt, ob er es wagen dürfe, ihr den Platz neben dem seinigen anzutragen.

Auf das von ihm abgewandelte Klassikerwort antwortete sie: „Nur, wenn Sie sich nicht zu ‚faustisch' verhalten."

„Seien Sie unbesorgt! Meinetwegen werden Sie Frau Altenbusch nicht um ihr nachbarschaftliches Fläschchen zu bitten brauchen."

Sie hatten sich sogleich so gut verstanden, daß sie sich anlächelten und sich nebeneinandersetzten. Dann schenkte er ihr und sich ein und meinte, sein Glas gegen sie erhebend: „Sie haben mich in Staunen versetzt. Ich erlebe erstmalig, daß man sich gleich gegenseitig gänzlich versteht."

Sie antwortete zwar nicht, doch in ihren Augen schien er zu lesen, daß es ihr ebenso ergangen war. Während sie die Kelche sacht aneinanderstießen, blickten sie sich tief in die Augen.

Da fiel Eckehard unvermittelt ein Gesangstext ein, daß es bei einer schönen Frau auf die Sekunde ankomme und daß es für immer zu spät sei, wenn diese ungenutzt vorübergehe. Das durfte nicht sein! Folglich sagte er: „Wenn ich Ihren Namen richtig verstanden habe, ist er der schönste, den ich je gehört habe."

„So? Aus welchem Grund?"

„Aus dem, was er aussagt. Sie wissen doch, was *Cordis* bedeutet?"

„Das kann ich nicht sagen, weil ich mich nie mit Namensforschung beschäftigt habe. – Können Sie ihn mir erklären?"

„Ich denke schon. *Cordis* ist der Genitiv des lateinischen Wortes *cor* = *Herz*, und der Vorname *Regina* bedeutet *Königin*. Regina cordis: Königin meines – äh", verhaspelte er sich, „ich meine: Herzenskönigin."

Eine zarte Röte überzog ihr Antlitz. Dann tauchten beider Blicke so tief ineinander, daß Frau Altenbusch, die dies zufällig sah, nur noch dachte: „Na?!"

Ein lauterer Gedankenaustausch

Einige Zeit später besuchte Regina Doris Altenbusch, mit deren Familie sie so eng befreundet war, daß sie die Patentante ihres zweiten Kindes geworden war.

Aus der Auffassung Reginas, es sei richtig, ein Kind nicht allein aufwachsen zu lassen, sondern dafür zu sorgen, daß es zumindest ein Geschwisterchen habe, hatte sich zunächst ein Gespräch darüber entwickelt. Danach ging es um die bevorstehende Heirat eines Angehörigen ihres Freundeskreises, bis man schließlich zum Thema „Ehe“ im allgemeinen gelangte.

Man stimmte darin überein, daß die gegenseitige sowohl sinnliche als auch nicht sinnliche Zuneigung der wichtigste Grund für ein dauerhaft harmonisches gemeinschaftliches Leben war, wobei dem Intelligiblen als dem Gewichtigerem der Vorrang vor dem Sensiblen eingeräumt wurde.

„So seltsam es zunächst klingen mag“, meinte Doris, „wenn man verliebt ist, bedeutet einem ein anderer etwas. Wenn man jedoch liebt, bedeutet einem der, dem die Liebe gilt, alles. Ich meine, daß der Unterschied zwischen diesen Zuständen größer ist als der zwischen ersterem und Empfindungslosigkeit.“

„Diese Erfahrung habe ich noch nicht gemacht“, gestand Regina freimütig. „Außerdem sind“, fügte sie hinzu, „gleiche soziale Herkunft sowie sich ähnelnde Interessen wesentlich. Klaffen sie zu weit auseinander, können sie zu einem häßlichen Ende führen. Günstig ist Derartiges nur für Dichter.“ Sie nannte einige Titel aus der klassischen Literatur, unterbrach sich jedoch gleich wieder, um sich wirklich Erlebtem zuzuwenden.

„Es gibt die merkwürdigsten Dinge wie beispielsweise dieses: Eine junge Frau aus meinem Bekanntenkreis hatte zwei Bewerber um ihre Hand. Da sie nicht wußte, welchem von beiden sie sie reichen sollte …“

„Keinem", unterbrach sie Doris.

„Das sehe ich zwar auch so, doch laß mich fortfahren. – Sie fragte ihre Mutter, und diese erkundigte sich nach dem Autotyp, den die beiden fuhren. Als ihn ihre Tochter genannt hatte, meinte sie: ‚Nimm den mit dem Bentley. In ihm weint's sich besser.'"

„Wurde der auf diese ungewöhnliche Weise Auserwählte beglückt?"

„Das habe ich nicht feststellen können", erwiderte Regina. „Doch wenn es so gekommen sein sollte, dürften die beiden kaum glücklich miteinander geworden sein. Als entscheidend für alles, was dafür wichtig ist, ist nach meiner Überzeugung vor allem die seelische Zuneigung. Du", lächelte sie Doris spitzbübisch zu, „du hast es gut gehabt mit deinem Bernhard. Doch ich?"

Fast wäre Doris der Freundin auf den Leim gegangen, lachte dann aber auf: „Ich habe ihn doch zunächst genauso wenig gekannt wie du –"

Sie brach ab. „Ich werde warten, bis du es mir sagst. – Ah, da kommt mein Mann."

Als Bernhard Altenbusch näher trat, Regina und seine Frau begrüßt hatte, sagte diese zu ihm: „Du kommst gerade zum rechten Zeitpunkt, nämlich zu meinem Schlußwort. Eben wollte ich Regina über Folgendes informieren:

Beim nächsten Beisammensein unseres Kreises möchte jemand teilnehmen, den die meisten von uns nur vom Hörensagen kennen. Mir wäre es lieber gewesen, ohne ihn zu tagen, weil diejenigen, mit denen er verkehrt, sich zu deutlich von uns unterscheiden.

Leider erfuhr Baron von Mimung vorzeitig, daß beim nächsten Treffen ethische Fragen erörtert werden sollten. Er bat, den Herrn Krates mitbringen zu dürfen. Auch wenn der Baron nicht eigentlich zu uns gehört, sondern nur hin und wieder hospitieren darf, wollten wir nicht so unhöflich sein, ihm seine Bitte abzuschlagen. Kennst du Herrn Krates?"

„Nur flüchtig."

„Jedes Mal, wenn ich ihn sehe, erinnert er mich an einen kraftstrotzenden Kampfstier, der alles niedertrampelt, was ihm nicht ausweicht. Da lob ich mir doch Herrn Weißadel."

„Wie kommst du gerade auf den?"

„Durch die Art, wie er sich bewegt. Seine geschmeidigen Bewegungen wirken auf mich wie die eines Panthers."

„Das ist durchaus verständlich", warf ihr Mann ein. „Der ‚Panther' ist Leistungsturner. Seine Betätigung an den verschiedenen Geräten fordert stets den Einsatz unterschiedlicher Muskelpartien, die deswegen allesamt gleichmäßig ausgebildet werden. Daher wirkt sein Auftreten so gewandt. – Aber, meine Damen", fügte er scheinbar unwillig hinzu, „wie können Sie zwei solch stattliche Mannsbilder mit Tieren vergleichen?! Fällt Ihnen denn wirklich nichts Passenderes ein?"

„Doch, doch!", rief seine Frau aus. „Den einen – wen wohl? – vergleiche ich mit Herakles."

„Mit dem größten Helden der griechischen Antike, mit einem, der damals als Halbgott galt!", seufzte ihr Mann auf.

„Manchmal seid ihr Männer doch zu begriffsstutzig", hänselte ihn Regina. „Hast du das Kompliment, das dir deine Frau eben gemacht hat, wirklich nicht erkannt?"

„Wenn das eins sein sollte, so leuchtet es mir so wenig ein, daß du es mir erklären mußt."

„Gern. Wenn einer ein Halbgott ist, bedeutet das doch andererseits, daß er nur ein halber Mensch ist. Du jedoch bist ihr Mann, und zwar ein ganzer."

Das Ehepaar lachte. Dann fragte er Regina:

„Mit wem vergleichst du den anderen? – Habe ich mit ‚Apollon' das Richtige getroffen?"

„Wie könnte ich so unhöflich sein, dir zu widersprechen", entgegnete die Gefragte.

‚So geschickt sie auch geantwortet hat – mein Göttergatte hat es erfaßt', dachte Doris beifällig, ließ sich jedoch nichts anmerken. Um Regina nicht weiterhin in Verlegenheit zu bringen, erwähnte sie noch einmal Krates.

Sich ihrem Mann zuwendend, sagte sie: „In dem Augenblick, in dem du kamst, wollte ich Regina vorsichtshalber einen Wink geben: So viele gegensätzliche Äußerungen man über diesen Herrn Krates auch hört, so sehr stimmen sie in einem Punkt überein: Wenn er sich um eine Frau bemüht, die ihm gefällt, muß diese sehr auf sich achtgeben, um ihm nicht anheimzufallen."

„Ich stimme dir zu, jedoch: So sehr es wohl immer wieder vorkommen mag, daß selbst ein kaltes Herz ein heißes zunächst ernsthaft bedrängen kann – gegen dieses kann es letztendlich doch nichts ausrichten."

Diese Worte verstand Regina zwar als besorgte Warnung, ließ sie aber dennoch in einer Weise lächeln, die, von ihr unbeabsichtigt, erkennen ließ, daß sich ihr Herz schon jemandem zugeneigt hatte. Noch mehr als bisher meinte Frau Doris zu wissen, wer es war.

Das Streitgespräch

Zu Beginn der Veranstaltung, die bald auf dieses Gespräch folgte, wurde Krates vorgestellt. Anschließend eröffnete Altenbusch, der an diesem Abend den Vorsitz innehatte, die Diskussion. Er schlug vor, sie mit einer Erörterung des Begriffes Demut zu beginnen.

„Ha!", bemächtigte sich Krates sofort des Wortes und begann unverzüglich, sein umfassendes Wissen zu demonstrieren. „Für mich bezeichnet *Demut* die Sklavenmoral – wenn es eine solche geben würde. Zwar setzt Nietzsche dieser die Herrenmoral entgegen, doch dem kann ich nicht zustimmen. Sklaven haben keine Moral.

Was gehört denn zur Herrenmoral? – Doch solche Dinge wie Ehrfurcht vor Alter und Herkunft, die hierauf beruhende eigene, sich aus Kraft und Selbstzucht speisende Selbstgewißheit, Wahrhaftigkeit und Großzügigkeit, um nur einige ihrer Merkmale zu nennen.

Daß die der Herrenmoral Zugehörigen andererseits das Feige, Ängstliche und Kleinliche verachten, ergibt sich ganz einfach daraus, daß durch die von Nietzsche als Sklavenmoral bezeichnete Auffassung durch den von ihm als *Herdenmensch* bezeichneten Typus verkörpert wird. Dieser ist für ihn durch Nützlichkeitsdenken, Furcht, Selbsterniedrigung bei gleichzeitigem Auflehnungsbedürfnis und Mitleid gekennzeichnet. Hinzu kommt, daß er gegen das Große mißtrauisch, gegenüber dem Schwachen hingegen mitleidig ist. Mit diesem Ausdruck bezeichnet dieser Philosoph die *Vielzuvielen* als diejenigen, die es leicht haben wollen und sich bei ihrer Liebe für das Mittelmäßige nur unter ihresgleichen wohlfühlen.

Hieraus und aus Weiterem, das ich jetzt unerwähnt lasse, folgt, daß diese beiden Typen zwei verschiedenen Rassen oder, wenn dieser Ausdruck heutzutage als zu anstößig klingt,

Kasten angehören, nämlich einerseits der der Herrscher, andererseits derjenigen, in der sie als Unterworfene oder durch ihre *Art* zu Sklaven bestimmt sind. Besonders kennzeichnend für alle diese Weichlinge ist ihre Knechtsgesinnung, ihre Demut in der ursprünglichen Bedeutung dieses Wortes", tönte er und fuhr belehrend fort:

„In der Antike verstanden Griechen und Römer übereinstimmend *Demut* abwertend als niedrige, knechtische Gesinnung. Selbst in dem mittelhochdeutschen Wort *dêmuot* spiegelt sich die ursprüngliche Bedeutung wider. *Dê* bedeutete Knecht oder Diener und *muot* zunächst so viel wie *Gesinnung eines Dienenden*."

Überzeugt, mit seinem Wissen bis zum Schluß brilliert und einen entsprechend tiefen Eindruck hinterlassen zu haben, lehnte sich Krates zufrieden zurück.

Ohne sich selbst zu dessen Darlegungen zu äußern, erteilte Altenbusch sofort Weißadel das Wort. Dieser begann:

„Die seit der Antike bis weit ins Mittelalter hinein gebräuchliche Bedeutung von *Demut* wurde ebenfalls bereits in diesem vom Christentum zu einer Tugend erhöht, die sich im Verhalten des Menschen gegenüber dem Allmächtigen zeigt. In diesem Sinnzusammenhang beinhaltet *Demut*, daß der Mensch als Sein Geschöpf auf das Bewußtsein verzichtet, eine von Ihm unabhängige Kraft und Würde zu besitzen. – Das sehen Sie", sagte Weißadel, Krates scharf in die Augen blickend, „sicherlich ganz anders."

„Allerdings", fuhr der hoch. „Doch ich will Ihre Ausführungen nicht unterbrechen, sondern mich erst danach zu ihnen äußern."

Als Weißadel mit Blick auf die Lehre der christlichen Kirche von der Endlichkeit und Verderbtheit der menschlichen Natur das Stichwort *Erbsünde* nannte, fuhr ihm Krates in die Parade.

„Hier muß ich gleich auf den ursprünglichen Sinn dieses Begriffes hinweisen, weil er jedermann sofort an *Schuld* denken läßt. Doch die Erbsünde wurde zunächst nicht als Erb*schuld,* sondern nur als *Erbkrankheit* betrachtet. Ererbt deswegen, weil – erstmals von Quintus Septimius Florens Tertullianus gelehrt – dem ersten Menschen das Böse zwar von außen begegnet ist, doch ihm dann in seine Seele und danach in die aller nach diesem Kommenden gedrungen ist. – Diese kurze Bemerkung nur, um irgendwelche Mißdeutungen erst gar nicht aufkommen zu lassen."

Seine Absicht, den ältesten lateinischen Kirchenschriftsteller nicht mit dem allseits bekannten, sondern mit seinem vollen Namen zu nennen, um Weißadel in Verlegenheit zu bringen, verfing nicht. Der so rüde Unterbrochene sagte nur ungerührt: „Wie schön, daß Sie eine so bedeutende Persönlichkeit wie Tertullian vollnamentlich nennen – doch ich wollte dasjenige nennen, was die Kirche aus dem eben genannten Grund fordert, nämlich Demut vor *Gott.*

Diese wird dadurch geübt, daß man Seinem Willen zu folgen trachtet, sich Seinem *Ratschluß* fügt, Seinen Geboten gehorsam ist und, wie ich bereits hervorgehoben habe, auf das Bewußtsein einer eigenen Kraft und Würde verzichtet, die von Ihm unabhängig ist. Diese Art der Demut hat nichts mit Unterwürfigkeit oder gar Selbsterniedrigung bis hin zur Selbstverachtung zu tun, sondern unterscheidet sich eindeutig von ihr.

Jahrhunderte später hat Kant *Demut* als das Bewußtsein und das Gefühl der Geringfügigkeit des Menschen bezeichnet, der seinen moralischen Wert im Vergleich zum Gesetz betrachtet. Zugleich unterschied er diese *humilitas moralis* eindeutig von der falschen Demut, die darin besteht, daß jemand seinen eigenen moralischen Wert nur deswegen herabsetzt, um auf diese Weise die Gunst irgendeines anderen zu erwerben."

„Wie interessant", meinte Krates, der mit dem ersten Satz

Kants nicht recht etwas anzufangen wußte. Flugs überging er ihn und meinte nur: „Das mögen Sie so sehen. Dieser Philosoph hat *Demut* wieder aufgewertet, doch für mich ist und bleibt *Demut* das Synonym – falls es sie, wie gesagt, überhaupt gibt – für die *Moral* von Sklaven.

Vor allem Folgendes, und dies ist für mich entscheidend! Die von Ihnen genannten Inhalte von Demut gelten nicht allgemein, sondern nur innerhalb eines bestimmten Bezugsrahmens, nämlich dem, innerhalb dessen sich das christliche Denken bewegt. Ich hingegen halte es mit der Auffassung, die Protagoras schon ein halbes Jahrtausend vor unserer Zeitrechnung vertreten hat, nämlich, daß der Mensch das Maß aller Dinge ist. Schon aus diesem Grunde bedarf es keines allmächtigen Wesens.

Noch etwas: Mit dem, was Nietzsche unter dem *Pathos der Distanz* versteht, nämlich den *Mut zu Sonderrechten, zu Herrschaftsrechten, zu einem Ehrfurchtsgefühl vor sich und seinesgleichen,* hat er mir aus der Seele gesprochen.

In diesem Zusammenhang betrachte ich es als ungemein erhellend, daß erst unsäglich viel später versucht worden ist, die Macht der Herrschenden über die Unterworfenen durch die Erfindung des Begriffes *Toleranz* zu schmälern.

Was beinhaltet er denn? Doch nur die Forderung, einem selbst fremde Grundsätze und Ansichten zu dulden und sie neben den eigenen gelten zu lassen. Dies bewerte ich als das Eingeständnis, die eigene Position nur mehr oder minder unvollständig durchsetzen zu können, sie aber dennoch bedingt gelten, das heißt nicht gänzlich bedeutungslos werden zu lassen!

Für mich ist *Toleranz* nur ein anderer Ausdruck für Kompromiß, also für etwas, was ich nicht akzeptiere. Ich handele nach der Devise: entweder ganz oder gar nicht. Wenn ich keinen vollen Erfolg erringe, kann ich einen Mißerfolg leichter ertragen als einen Kompromiß, der ja oft genug mit dem bezeichnenden Attribut *fauler* versehen wird. – Was ist?", unterbrach er sich pikiert, als er ein kurzes Lächeln über Weißadels Gesicht huschen sah. „Stört Sie etwas an meinem Stadtpunkt so, daß Sie sich über ihn erheitern könnten?"

„Durchaus nicht. Es wird Sie sicherlich nicht wundern, daß ich in allen diesen Punkten anderer Ansicht als Sie bin, doch ich möchte auf etwas anderes hinaus: Als Sie von den Lebzeiten dieses Vorsokratikers sprachen, sagten Sie, daß diese vor ‚unserer' Zeitrechnung gelegen haben. Nur: diese, die *unsere,* ist die christliche."

Krates, der sich innerlich immer wieder darüber entrüstete, daß ihm jemand nicht nur überhaupt, sondern ständig widersprach, meinte spitz: „Was soll denn solch ein Sophismus? Wichtig ist doch nur die inhaltliche Aussage."

„Ganz wie Sie meinen. – Dennoch: Es ist sinnlos, die Existenz von etwas zu leugnen, was es gar nicht gibt. Sinnvoll ist dies nur dann, wenn es sich auf etwas Seiendes bezieht, nicht auf etwas Nichtseiendes."

Als Altenbusch bemerkte, daß Krates die Zornesader schwoll, weil der kein Widerwort fand, schaltete er sich ein.

„Wie aufschlußreich dieser Abend gewesen ist, läßt sich daran erkennen, daß die Zeit, von allen unbemerkt, ungewöhnlich weit fortgeschritten ist. Daher nur noch ein kurzes Wort. Vor allem möchte ich anerkennend hervorheben, daß die beiden Kontrahenten ihre jeweilige Grundauffassung in einer Eindeutigkeit dargestellt haben, die deren Gegenteiligkeit zweifelsfrei erkennen ließ und somit Anlaß für weitere Diskussionen sein kann. – Abschließend bleibt mir nur, den beiden Hauptrednern unser aller Dank auszusprechen und allen eine gute Heimkehr zu wünschen."

Rückblicke

Während der allgemeinen Verabschiedung bemerkte Krates, daß ein kleiner Kreis um Regina Cordis doch noch zusammenbleiben wollte. Sie hatte ihn so fasziniert, daß er sehr gern dabei gewesen wäre. Doch so sehr ihn danach verlangte – jetzt unterließ er es. Es erschien ihm unpassend, sich als erstmalig dabei Gewesener einfach dazuzusetzen. Nach üblichen Dankesworten für die Einladung, mit denen er sich verabschiedete, äußerte er die Hoffnung auf ein baldiges Wiedersehen, um sich näher kennenzulernen.

Außerdem hatte es da etwas gegeben, ohne daß er sich gleich darüber klar geworden war, was dies eigentlich gewesen war. Nachdem er in sein luxuriöses Domizil zurückgekehrt war, machte er es sich in einem riesigen Fauteuil bequem und ließ die Veranstaltung bei einem Armagnac vor seinem geistigen Auge ablaufen. – Ja, das war es gewesen:

Daß sich die Anwesenden, von denen er außer dem Baron niemanden gekannt hatte, ihm gegenüber reserviert verhalten hatten, war verständlich – und doch! In diesem Kreis schien keiner die Aura, von der er sich stets umgeben fühlte, bemerkt zu haben oder nicht gewillt gewesen zu sein, sie zu würdigen, vor allem dieser Weißadel nicht. Immer, wenn er dem direkt in die Augen gesehen hatte, war der seinem Blick jedes Mal so offen, ja geradezu so freimütig begegnet, daß er dies stets als respektlos, als schlichtweg ungehörig empfunden hatte. Sollte sich der sich ihm etwa als gleichwertig betrachten?!

„Ach was!“, scheuchte Krates eine derartige, für ihn undenkbare Annahme sofort beiseite und überlegte: „Was war denn an diesem Abend das Schöne? Wie kann ich mich das nur fragen?“, lächelte er über sich selbst. Sofort begann er darüber nachzudenken, wie er Regina Cordis so bald wie möglich wiedersehen könnte. –

Auch die Zurückgebliebenen sprachen über den Abend, doch ihr Gespräch drehte sich weniger um seinen Inhalt als vielmehr um Krates.

„Der ging ja ran wie Blücher. Meinte der wirklich, überall sogleich tonangebend sein zu können, nur weil er ein Nabob ist? – Ja, ja, Geld verdirbt nun einmal den Charakter."

„Er ist meines Erachtens charakterlich keineswegs verderbt", meinte Weißadel. „Daß er sich so aufgeführt hat, ist wesensbedingt und hat mit Reichtum nur bedingt zu tun."

„Davon später", warf Altenbusch ein. „Zunächst zum Inhalt seiner Auffassungen. Ich hielt es für höchst bezeichnend, daß er bei seiner Charakterisierung von *Herrenmoral* Alter und Herkunft an die erste Stelle setzte – durchaus verständlich, weil er selbst einer alten Familie entstammt. Im Stolz über seine großbürgerliche Herkunft dürfte er sogar so manchen Adeligen überbieten.

Doch dann das *Pathos der Distanz*! Mit diesem identifizierte er sich inhaltlich so, als ob er sich bescheinigen wollte, daß er selbst dies alles in beispielhafter Weise besitzt. Alles in allem stellte er sich als den Typus dar, der in unseligen Zeiten als *Herrenmensch* bezeichnet wurde. Was ein solcher, sobald er an die Macht kommt, an unsäglichem Unheil anrichtet, ist so, daß ihm immer kompromißlos entgegenzutreten ist."

„Gewiß! – Doch richtet Krates denn Schlimmes an?", wurde Altenbusch gefragt.

„Anscheinend ja. Von seinem Verhalten gegenüber Dritten habe ich so oft Negatives gehört, daß das zumindest in einigen Fällen zutreffen dürfte. Der tiefste Grund, aus dem er andere abschätzig behandelt, liegt wohl im Bewußtsein seiner Macht.

Es ist doch so: Selbst wenn jemand beruflich nur nach und nach, doch kontinuierlich aufsteigt, verändert sich sein Verhalten gegenüber anderen erheblich und deren Verhalten gegenüber ihm. Das verstärkt sich außerordentlich, wenn der

Aufstieg schnell und steil erfolgt. Wie nun reagiert der Aufgestiegene, der in den Augen der anderen Macht gewonnen hat, und wenn sich diese vergrößert?

Äußerlich zum Beispiel verbal, indem sie, wie wir es gerade bei Krates erlebt haben, sofort das Gespräch an sich reißen und dann lange reden. Wird ihr Verhalten durch Zustimmung bis hin zur Bewunderung honoriert, beginnen sie irrigerweise, die formale Macht ihrer Position mit sich selbst zu verwechseln. Das führt sie dazu, den Besitz von Macht als persönliche Eigenschaft zu betrachten und sich in einem Gefühl von Erhabenheit zu aalen."

„Kann jemand einer solchen Entwicklung von sich aus vorbeugen?"

„Durchaus", antwortete Altenbusch. „In diesem Fall wäre es für den Mächtigen vorteilhaft, wenn er nicht ständig in seinen erlesenen Kreisen verkehren und sich damit vom normalen Leben abkapseln würde. Vielmehr könnte er den Kontakt zu diesem nicht gänzlich aufgeben, sondern sich, um ihn nicht zu verlieren, in anderen Milieus umsehen.

Stellt euch einmal vor, Krates würde sich nicht immer in einer seiner Luxuslimousinen chauffieren lassen, sondern gelegentlich mit dem Fahrrad fahren. Wenn er dann feststellen müßte, wie beschwerlich es bereits ist, tagtäglich zur Arbeit zu gehen, würde er in dem Sinne demütig ..."

Weiter kam Altenbusch nicht, weil er von lautem Gelächter unterbrochen wurde. „Krates und Demut! Ein stärkerer Gegensatz ist kaum vorstellbar", faßte Kartner die Ansicht aller zusammen.

„Demütig sein verstehe ich in diesem Zusammenhang als Ergebnis einer Einsicht in das, was die meisten anderen trotz der alltäglichen, für sie so oftmals kaum erträglichen Gegebenheiten leisten", stellte Altenbusch klar.

„Reden wir nicht nur von der finsteren Seite der Macht, sondern von der Hauptsache. Sie ist die unabdingbare Voraussetzung dafür, die es jedem in einer Führungsposition ermöglicht, die verantwortungsvollen Entscheidungen zu treffen, die seine Tätigkeit erfordert. Für sich genommen ist ‚Macht' weder gut noch schlecht. Ob sie immer sachlich ausgeübt, gelegentlich mißbraucht oder gar korruptionsanfällig wird, liegt immer am Einzelnen. – Doch jetzt nur noch eine kleine Anmerkung zu Krates.

Dessen unstillbarer Machthunger ist eine, wenn nicht gar *die* Triebfeder seines Denkens und Handelns, doch hängt dies mit der Tatsache, daß er ungewöhnlich reich ist, nicht unmittelbar zusammen. Damit", wandte er sich an Weißadel, „stimme ich mit dir überein. Dazu ein Beispiel:

In irgendeiner Dienststelle gab es eine Teileinheit, die so klein war, daß sie nicht einmal eine Unterabteilung, sondern nur eine Stelle war. Da in ihr viele graphische Darstellungen anzufertigen waren, hieß sie einfach ‚die Zeichenstelle'. Sie bestand aus nur drei Mitarbeitern.

Derjenige, der ihr vorstand, behandelte seine Mitarbeiter weniger als Kollegen denn als Untergebene. Obwohl sein Monatsgehalt so bemessen war, daß es Krates nicht einmal für eine Woche gereicht hätte, um den Treibstoff für seine Fahrzeuge zu Lande, zu Wasser und in der Luft zu bezahlen, führte er sich in vergleichbarer Weise auf. Mochten von ihm nur zwei, von Krates hingegen viele Hunderte, wenn nicht gar Tausende abhängig sein: Auch er verstand sich als ‚Herr'."

„Das ist doch lächerlich!"

„Keineswegs. Selbst im Falle dieses Wichtes hatten andere unter dessen völlig übersteigertem Selbstgefühl zu leiden. Hier geht es ja nicht um die Anzahl der Betroffenen, sondern um menschenunwürdige Behandlung, und die ist selbst in einem einzigen Fall eine zu viel."

„Das trifft zwar zu, dürfte jedoch diese Menschen nicht bekümmern. Sie ‚herrschen' weiterhin in gewohnter Weise."

„Gewiß", pflichtete ihm Weißadel bei, „jedoch nur so lange,

bis es eines Tages auch sie trifft. Denke doch nur an das Wort im *Lied von der Glocke*, daß ‚mit des Geschickes Mächten' nie ein ewiger Bund zu flechten ist und daß das Unglück schnell schreitet."

„Beziehst du dich dabei auch auf den Teil der Umschrift auf ihrem Rand: ‚Fulgura frango', das heißt: ‚Ich breche Blitze', und meinst du, daß dies eines Tages auch auf Krates zutreffen wird?", fragte Altenbusch.

„Ja. Denn daß irgendwann auch ihm etwas Schlimmes widerfahren wird, halte ich für weit realistischer als das Gegenteil", entgegnete Weißadel.

„Möglich ist es", dachte Altenbusch, der sich gedanklich noch mit dem Wort vom Brechen der Blitze beschäftigte. „Wie wäre es denn", überlegte er weiter, „mit ‚Krates frango'? Doch wer sollte den brechen und wie? – Nun, es ist unergiebig, darüber zu spekulieren."

Laut fuhr er fort: „Das bleibt abzuwarten. Doch jetzt laßt uns mit Blick auf die fortgeschrittene Zeit überlegen, mit welchem Thema wir uns bei unserer nächsten Zusammenkunft beschäftigen wollen."

Felix gelingt die Annäherung

Nur wenig später nach dem Diskussionsabend hatte es Krates so geschickt einzurichten gewußt, daß er wie zufällig Regina Cordis begegnete. Nachdem er sie mit ausgesuchter Höflichkeit begrüßt hatte, sprach er von der erst kurz zurückliegenden Veranstaltung. Da er sich sehr interessiert zeigte, ihre Meinung näher zu erfahren, lud er sie zu einem Five o'Clock Tea in eines der Luxushotels ein, in denen dieser noch in der althergebrachten „feinen englischen Art" zelebriert wurde.

Als sie es betraten, fiel ihr auf, wie zuvorkommend, ja fast schon devot Krates begrüßt wurde. Es wirkte beinahe feierlich, wie sie an ein Tischchen in der Nähe eines hellodernden Kamins geleitet wurden. Nachdem sie sich über mehrere Teilthemen ausgetauscht hatten, meinte Krates:

„Die Richtigkeit eines Wortes erweist sich in besonderem Maße dann, wenn es auch noch nach Jahrtausenden zutrifft, wie zum Beispiel *variatio delectat.*"

Wenn Krates meinte, Regina Cordis damit imponiert zu haben, dann hatte er sich so gründlich geirrt, daß er nach ihrer Antwort unverzüglich das Thema wechselte.

Trocken hatte sie erwidert: „Ich will keineswegs kritisieren, daß irgend jemand den Wortlaut dieses Spruches willkürlich verändert hat, sondern nur darauf hinweisen, daß es, was in der römischen Literatur des öfteren vorkommt, *varietas delectat* heißt. Nun, inhaltlich wird dasselbe ausgedrückt: ‚Abwechslung bereitet Freude.' Dies klingt etwas anders als bei Euripides, auf den es zurückgeht: ‚Abwechslung ist in allem angenehmer.'"

„Oh, meine Gnädigste!", rief Krates in komisch wirkender Verzweiflung aus, „ich habe den Spruch nicht zitiert, um unsere Diskussion von neulich um eine Variante zu bereichern, sondern nur um auszudrücken, daß auch anderes sehr schön ist. Ich meine damit die *Nacht der Orchideen,* eine besonders schöne Veranstaltung. Sie findet zwar erst in einigen Monaten statt, doch möchte ich mir jetzt schon erlauben, Sie einzuladen."

Von diesem Ball hatte Regina Cordis schon viel gehört. Er bildete den gesellschaftlichen Höhepunkt der Saison, und zwar nicht zuletzt deswegen, weil es für ihn keine erwerbbaren Eintrittskarten gab. Alle Teilnehmer wurden von einem Festkomitee eingeladen, worauf Krates – was er verschwieg – hingewirkt hatte. Auf diese Weise hatte er dafür gesorgt, daß die von ihm so verachtete Plebs von vornherein ausgeschlossen blieb. Zu dieser gehörten für ihn auch die „kleinstelligen Millionäre", deren Vermögen gerade mal zweistellig war.

Absagen waren ungewöhnlich, weil jeder Eingeladene durch seine Anwesenheit demonstrieren konnte, daß er zu den feinsten Kreisen gehörte.

Mit wohlgesetzten Worten dankte ihm Regina Cordis für die Einladung, sah sich jedoch mit dem Hinweis auf berufliche Verpflichtungen nicht gleich imstande, endgültig zuzusagen.

Der Mensch denkt, die Liebe lenkt

Als sich Regina mit Eckehard traf, berichtete sie ihm als erstes von der Einladung zum Ball.

„Soll ich zu- oder absagen?"

„Du bist doch frei in deiner Entscheidung! Schließlich bist du ungebunden." Er schwieg einen Augenblick. Dann sagte er tief bewegt: „Allerdings fühle ich mich dir sehr verbunden."

„Ich mich dir auch."

Unversehens war der entscheidende Augenblick da. Leuchtenden Auges fragte er sie, ob sie seine Frau werden wolle, und sie bejahte strahlenden Blickes.

Nachdem sie endlich davon abgelassen hatten, sich ihr Verlöbnis immer wieder „mündlich" zu bestätigen, neckte sie ihn:

„Findest du nicht, daß du eine merkwürdige Braut hast? Kaum hat sie sich verlobt, will sie schon mit einem anderen als *mit ihm* zu einem Ball gehen."

„Das wäre nur seltsam, wenn du nicht einmalig wärst", gab er ebenso scherzhaft zurück. Doch dann wurde er ernst: „Liebe bedeutet zugleich Treue und auf ihr beruhendes grenzenloses Vertrauen."

„Du allein bist der für mich Richtige."

Zweifeln und abwägen

Nachdem Regina die Einladung endgültig angenommen hatte, waren ihr doch noch Bedenken gekommen. Als ihr eines Tages einfiel, wie Krates nach dem Streitgespräch vom Freundeskreis beurteilt worden war, hatte sie damit begonnen, ihren Verlobten und Krates miteinander zu vergleichen, um dann deren Verhaltensweisen und Auffassungen gegeneinander abzuwägen.

Das, was ihr jetzt nach und nach wieder in den Sinn kam, hatte sie während der gesamten Zeit ihrer Begegnungen mit Krates erlebt. Nun unterzog sie es einer zusammenhängenden kritischen Betrachtung.

Eines Abends hatte Krates sie zu einem Diner gebeten, zu dem er auch seinen alten Studienfreund Großner und dessen Frau eingeladen hatte. Sie erinnerte sich, wie er über einige Abendgarderoben hergezogen hatte.

„Sehen Sie einmal die beiden da drüben. Deren Kleider ähneln sich, allerdings nur scheinbar. Könnte es sein, daß sich die Trägerin des einen hinsichtlich der Qualität des Stoffes zurückgehalten hat, um in einer solchen Umhüllung selbst besser zur Geltung zu kommen?"

Genauer hinblickend, hatte Regina festgestellt, daß Krates' Spott zwar bedingt zutraf, jedoch zugleich ätzend wirkte und deswegen unangebracht war. Nachdem sie das Eckehard erzählt hatte, hatte sie ihn gefragt, wie er sich geäußert hätte.

„Nun, ganz anders. Ich hätte Krates wissen lassen, daß es ein gut geschnittenes Kleid sei, daß es tadellos sitze und daß es – vor allem! – gekonnt getragen werde. Vielleicht hätte ich mich nicht enthalten können hinzuzufügen, daß mein Interesse nicht dem Gewand, sondern dessen Trägerin und der Eleganz, mit der sie sich bewegte, gelte."

Dann fiel ihr ein, wie sich Krates in einem kleinen Kreis hohntriefend über Folgendes ausgelassen hatte:

„Es ist schon etliche Jahre her, daß ich für einige Tage im Hotel *Pupp* logierte. An einem der Abende feierte dort die einheimische Hautevolee einen Ball. Mich schaudert's noch heute, wenn ich daran denke, wie sich die Frauen – äh, ich meine die Damen der obersten Gesellschaftsschicht – in ihren Abendkleidern bewegten. Sie trugen sie nicht, sondern sie schleppten sie mit sich herum. Welch ein Anblick! – Und dann drängte sich mir auch noch die Vorstellung auf: Nachdem die ihre Kühe gemolken hatten, hatten sie sich ihre Abendkleider übergestreift – und vergessen, sich die Gummistiefel auszuziehen." – Weiter kam er nicht, weil er sich das Lachen nicht länger verbeißen konnte.

„Erfreulicherweise hatte man den Nachwuchs zu Hause gelassen. So ist mir wenigstes abends das Geschrei erspart geblieben, das ich am Nachmittag anhören mußte. Viele der Ballteilnehmer hatten sich mit Kind und Kindeskind in dem hoteleigenen Café eingefunden. Die Kleinen können ja ganz niedlich sein – solange sie sich still verhalten. Doch wehe, wenn sie loslegen! Wie ist es möglich, daß ein so kleines Biest derartig laut brüllen kann?"

Als Regina Eckehard davon erzählt hatte, hatte er es zwar auch als erstaunlich bezeichnet, daß schon ein so kleines Wesen sich so lautstark äußern könne. Doch dann hatte er ironisch gelächelt und sie gefragt, ob ihr schon einmal aufgefallen sei, daß „eine solche akustische Höchstleistung" unterschiedlich klinge. Manchmal wirke es so, als ob sich das Kleine über irgendetwas geärgert habe. Möge dem so sein oder nicht – auf jeden Fall solle man mit ihm nachsichtig sein.

Sooft Regina Auffassungen oder Handlungen der beiden gegenüberstellte – immer wieder fielen die Vergleiche zugunsten Eckehards aus. Das ging hin bis zu den kleinsten Dingen. Wenn Krates mit einer Dienstleistung zufrieden war, gab er ein stattliches Trinkgeld oder ließ sich zu einem kalt klingenden Gemeinplatz herab. Eckehard hingegen fand immer wieder ein anerkennendes, freundlich ausgesprochenes Wort des Dankes. Während er allgemein als Person anerkannt wurde, wurde Krates nur unpersönlicher Respekt gezollt.

Unversehens kam Regina ein Gedanke. War Krates wirklich ganz frei? – Gewiß, bei allen Veranstaltungen, zu denen er nicht nur sie einlud, war ihm stets das Feinste gut genug, mochten es nun die besten Logenplätze in der Oper oder im Theater, bei Galabällen oder anderen herausragenden gesellschaftlichen Ereignissen sein.

Jedoch: War das nur deswegen so, weil er es so wollte, oder unterlag er einem gewissen Zwang? Wollte – oder mußte er gar? – den gleichbleibenden Eindruck hervorrufen, daß er sich das jeweils Teuerste leisten konnte und daß dies nie anders sein würde?

Trotz aller Intensität, mit der sich ihre Gedanken mit Krates beschäftigten, kam ihr nie etwas in den Sinn, nämlich, daß er um ihre Hand anhalten könnte. Dazu fühlte sie sich Eckehard seelisch viel zu tief verbunden.

Die Gründe, aus denen sie diesem Herz und Hand geschenkt hatte, lagen in der „Menschlichkeit" seines Wesens: in seiner Offenherzigkeit, seiner Gutartigkeit, seiner Hilfsbereitschaft, in seinem lebensfrohen Lachen – halt! Auch er war kein ausgeklügelt' Buch, sondern ein Mensch in seinem Widerspruch. Natürlich war er das! Jedoch: Es wäre ja gräßlich, vermutlich sogar unerträglich, mit einem vollkommen wirkenden Menschen zusammenleben zu müssen. – Alles in allem zeichnete ihn seine Herzlichkeit aus, die so sehr sein ganzes Wesen bestimmte, daß sie sich ständig in vielfältiger Weise äußerte.

„Hingegen Krates?", überlegte sie. – „Gewiß, auch er besitzt Vorzüge. Doch so zuvorkommend und liebenswürdig er sein kann – irgendwie wohnt ihm eine gewisse Kälte inne. Freunde hat er, soweit ich weiß, nur die aus seiner Jugendzeit. Und: Hat man ihn jemals unbekümmert lachen gehört? Nein. Dagegen wirkt er manches Mal mißtrauisch, so, als ob er niemandem über den Weg traut – doch warum?

Er gehört zu den Mächtigsten und Angesehensten, wird einerseits höchlich respektiert, andererseits aber gefürchtet, sogar gehaßt. Dies hat vermutlich erheblich dazu beigetragen, daß er kein Leben führt, in dem er, ganz Privatperson, vertrauensvoll mit anderen verkehrt, sondern einsam ist. Daraus wiederum läßt sich die eine oder andere seiner Verhaltensweisen ohne weiteres erklären.

Wie herablassend, ja geradezu verächtlich hat er sich nicht nur geäußert, sondern auch aufgeführt! Und noch eins: So manches, was ich in Krates' Begleitung gesehen, gehört, erfahren habe, hat auf mich, wie imponierend es sich mir im Einzelfall auch dargestellt hat, seelenlos, wie ‚kalte Pracht', gewirkt. Selbst die Blumen, denen der Ball seinen Namen verdankt, erscheinen mir im Vergleich zu Rosen steril."

Als sie dann daran dachte, wie der morgige Abend verlaufen könnte, meinte sie, daß es doch richtiger gewesen wäre, die Einladung abzulehnen. Jetzt war es zu spät, und sie erlebte …

Die Nacht der Orchideen

Alle ihre Bedenken verflogen jedoch in dem Augenblick, als Krates sie abholte. Einen besseren Eindruck als den, den er machte, konnte niemand hervorrufen. Schon sein Äußeres – Frack unter einer schwarzen Mantille, weißer Seidenschal, Zylinder, Glacéhandschuhe – war voll darauf berechnet, seine Balldame zu beeindrucken. Es gelang ihm.

Nachdem Regina Cordis in seiner Luxuskarosse Platz genommen hatte, erfüllte ein kaum oder gerade noch wahrnehmbares Parfum den Raum. Den Duft genießerisch einziehend, beugte sich Krates vor, öffnete die Scheibe, welche die hinteren Sitze des Wagens von seinem vorderen Teil abteilte, und sagte: „Anton, stellen Sie Musik ein."

Schon erklangen Melodien aus der klassischen Operette. Das war nicht etwa zufällig, sondern war von Krates, der alles umfassend vorbereitet hatte, so geplant worden. Er hatte dem Chauffeur eine Kassette ausgehändigt, die dieser nur noch einzulegen und zu starten brauchte.

Eine wohltönende Stimme sang: *„Dein ist mein ganzes Herz"*, um dann zu trällern, daß er dort nicht sein wolle, wo sie nicht sei, und daß er wie eine Blume welke, wenn die Sonne diese nicht küsse.

Gleich darauf ertönte: *„Hab' ich nur deine Liebe, deine Treue brauch' ich nicht."*

Hatte Regina das erste Lied noch als Schmeichelei auffassen können, so empfand sie diesen Text als so unpassend, daß sie sich fragte, aus welchem Grunde es auf das andere gefolgt war. Die Antwort erhielt sie sofort.

„Kann man Derartiges für möglich halten?", tadelte Krates. „Wie kann ein Mann auf die Treue der Frau verzichten wollen, die er liebt! Liebe und Treue gehören doch zusammen, nicht wahr?"

„Natürlich“, gab ihm Regina Cordis recht – und dachte an Eckehard.

„Oho! Es kommt ja noch schlimmer“, tat Krates entrüstet, als *„Treu sein, das liegt mir nicht“* als Nächstes zu hören war.

„Wie kann Urbino so etwas von sich geben!“

„Und ausgerechnet er, der Herzog von Venedig, der Stadt der Hochzeitsreisenden“, erwiderte Regina Cordis leichthin, war sie doch davon überzeugt, daß Krates dem Fürsten insgeheim voll zustimmte, obwohl er sich kritisch geäußert hatte.

„Oder hat er es ernst gemeint?“, sann sie. „Doch vielleicht auch nicht“, dachte sie in ihrer gehobenen Stimmung, in die sie sich bereits versetzt sah. Sie fühlte sich versöhnlich gestimmt, weil sie, noch ahnungslos, gefühlsmäßig bereits begonnen hatte, den Weg zu begehen, auf den sie Krates locken wollte.

Er hingegen überlegte: „Wie? War das nur so dahingesagt oder bewegt sie sich gedanklich schon in die von mir gewollte Richtung? – Nun, sicherlich in diese.“

Vom nächsten Lied hörten sie nur noch den Anfang, doch den Grund, aus dem der Mond schwere Klage erhoben hatte, kannten sie.

„Verstehen kann man ihn ja, wenn man solche Augensterne sieht“, scherzte Krates, indem er ihr, liebenswürdig lächelnd, in die Augen schaute. Wie wundervoll diese waren, sah er allerdings erst genau, als sie ins helle Licht des Foyers getreten waren.

Als Regina Cordis ihren Zobel ablegt hatte, verschlug ihr Anblick nicht nur Krates die Sprache. Das lag keineswegs nur an ihrem eleganten, eng anliegenden Abendkleid, das ihre formvollendet wirkende Gestalt aufs Vorteilhafteste zur Geltung brachte, sondern ebenso daran, wie sie es trug. Gewiß, sie war keineswegs die einzige schöne Frau, doch ihre Erscheinung wirkte auf eine ganz besondere Weise, nämlich wie ein in sich geschlossenes harmonisches Ganzes.

Während er sie unter galantem Geplauder zu ihrem Tisch geleitete, folgten ihr zahllose bewundernde Blicke.

Dissonanzen

Beim Verlassen der Garderobe war Regina Cordis unversehens auf die ihr unbekannte Tochter Lebierts namens Héloise gestoßen. Deren Eltern hatten diesen Vornamen für besonders vornehm gehalten, doch das Verhalten seiner Trägerin war alles Mögliche, nur nicht dies.

Als Héloise, die sehr offenherzig den gerade noch offiziell zugelassenen Teil ihrer Reize zeigte, an ihr vorbeihuschte, warf sie ihr einen Blick zu, der hoheitsvoll wirken sollte. Dabei murmelte sie nach einem neidvollen Blick auf die schimmernde Farbe ihres Haares: „Warum zur Abwechslung nicht mal 'n schwarzen Schwan?"

In dieser Äußerung entlud sich die Gekränktheit Héloises über etwas, was ihr unmittelbar zuvor widerfahren war.

Mit einem Jüngling, der sich wegen ihrer äußeren Erscheinung an sie herangemacht hatte, war sie rasch ins Gespräch gekommen und hatte gleich zu schwadronieren begonnen.

Es sei stets ein besonderes Vergnügen, Wassersport von der eigenen Jacht aus zu betreiben. Mit der bisherigen sei man ja recht zufrieden gewesen, doch allmählich sei sie zu klein geworden, und ihr Vater würde bald eine größere erwerben. Als der Jüngling Näheres wissen wollte, sagte sie mit stolzgeschwellter Brust, daß es sich um eine 45-Meter-Jacht handele.

„Sieh da, der Herr Vater eifert Herrn Krates nach", meinte der Jüngling, der rasch festgestellt hatte, daß es sich bei seiner Gesprächspartnerin um das renommiersüchtige Töchterchen eines Neureichen handelte. In merkwürdig spöttischer Weise fügte er hinzu: „Auch Herr Krates läßt sich eine größere bauen. Seine 90-Meter-Jacht behält er als Reserve. Sein neues Flaggschiff ist eine Megajacht von 130 Metern. Das ist natürlich verständlich. Wer's wirklich hat, baut nicht in die Höhe, sondern in die Länge."

So sachlich er klang – diesen herablassenden Ton empfand Héloise Lebiert als so herabsetzend, daß ihrer Prahlerei der Wind gänzlich aus den Segeln genommen worden war. Nach einer schnippischen Bemerkung rauschte sie von dannen.

Selbst wenn Regina Cordis diesen Vorgang miterlebt hätte, hätte sie auf die pöbelhafte Äußerung Héloises auch nur mit einem Blick reagiert, der mehr ausdrückte als viele Worte. Sie ließ ihren Blick an dieser boshaften Person so geringschätzig hinabgleiten, daß es Krates auffiel. Da er die Tochter der Lebierts nicht recht wahrgenommen und daher auch nichts gehört hatte, erkundigte er sich.

„Welch ein merkwürdiges Verhalten diese Person an den Tag legt", sagte Regina Cordis und teilte ihm deren Äußerung mit.

Obwohl Krates aufgebracht war, ließ er sich nichts anmerken und meinte leichthin: „Das läßt sich leicht erklären. Dieses ‚alte Mädchen' ist neidisch und eifersüchtig."

„Hat sie dafür einen Grund?"

Stürmisch wollte Krates entgegnen, daß er sich dessen sicher sei. Er fing sich jedoch und säuselte: „Ich hoffe es." Allerdings begleitete er seine Worte mit einem so glutvollen Blick, daß er nichts weiter zu sagen brauchte.

Sein Verhalten war so geschickt und zugleich so eindeutig, daß es Regina Cordis zweifelsfrei erkennen ließ, wie zutreffend die Warnung gewesen war: Krates könne so bestrickend wirken, daß man streng darauf achten müsse, ihm nicht zu verfallen.

Dies schien sich wieder einmal zu bewahrheiten. Die in ihr aufkeimende gefühlswarme Empfindung für den Charmeur begann – zunächst kaum spürbar, dann allmählich zunehmend – sie immer mehr mit einem rauschhaften Gefühl zu überfluten.

Als sie sich dessen bewußt wurde, befiel sie eine innere Unruhe.

War sie, wenn auch unbedacht und vor allem ungewollt, also innerlich unvorbereitet, in eine Situation geraten, die letztlich in der Untreue gegenüber Eckehard enden könnte?

Als sie überlegte, wie die als denkbar häßlich empfundene augenblickliche Situation zu überwinden war, durchdrang sie sein Wort von der Treue, die aus dem grenzenlosen Vertrauen aus der sie in sich bergenden Liebe entspringt. Beglückt empfand sie, wie unverbrüchlich sie mit Eckehard verbunden war.

Die jähe Aufwallung ihres heißen Herzens ließ sie unvermittelt an ein kaltes denken. Sofort überwand ihr seelisches Gespür die für sie eben noch so bedrohlich gewesene Lage. Alles, was ihr bisher an Krates gefallen hatte, war gänzlich verdorrt und einem Nebel gleich verflogen. Die Gefahr, in die sie geraten war, war gebannt. Innerlich befreit blickte sie heiter um sich.

Dies bemerkte Krates. Doch wie konnte er ahnen, daß ihr bezauberndes Lächeln, das in diesem Augenblick ihr Antlitz verschönte, nicht ihm, sondern einem ganz anderen galt! So deutete er es völlig verkehrt. Bereits siegesgewiß gestimmt, wollte er sie mit sanften zärtlichen Worten weiter umgarnen.

Doch bevor er damit beginnen konnte, tönte es hinter einer Säule, neben der sie saß: „Sei gegrüßt, Felix! Du verstehst es, jemanden selbst mit nur einem kurzen Wort zu verblüffen. Das ist dir eben jetzt wieder mit der Bemerkung gelungen, daß du etwas hoffst."

Der eben noch Unsichtbare trat vor und erblickte Regina Cordis. Sofort verbeugte er sich und versicherte wortreich, wie sehr er bedauere, gestört zu haben.

Dann wandte er sich ihr zu. „Gestatten Sie, gnädige Frau, daß ich mein Erstaunen erläutere. Herr Krates plant stets so gut, daß ihm immer alles gelingt, was er sich vornimmt. Wenn ich nur an sein letztes großes Vorhaben denke! Wir alle hatten erhebliche Bedenken, daß es ihm gelingen würde. Und welch bravourösen Erfolg hat er errungen!"

Mit einem rühmenden *„ohne Grenzen ist dein Glück!"* wandte er sich zwar wieder an Krates, doch als er hinzusetzte: „Dies bezieht sich auf alles", umfing sein Blick zugleich augenzwinkernd Regina Cordis.

Mit unverhohlener Bewunderung rief er aus: „Wenn Sie zu Zeiten Praxiteles' gelebt hätten und er Ihrer ansichtig geworden wäre, wäre er von dem Wissen darüber erleuchtet worden, wie er seine Aphrodite von Knidos zu gestalten hatte!"

Der Unmut Krates', den die Unterbrechung zunächst ungemein gestört hatte, hatte sich rasch gelegt, weil er nicht nur sich selbst, sondern mehr noch Regina Cordis gerühmt sah.

Sein Wohlbehagen steigerte sich noch, als diese replizierte: „Meinen Dank für Ihre Worte! Ich revanchiere mich mit einer kleinen Anekdote:

Auch Naturwissenschaftler interessieren sich für Schöngeistiges. Ich erinnere mich an eine angehende Physikerin, die nach ihrer Rückkehr aus Paris begeistert von der Venus von Milo berichtete. ‚Eine schönere Skulptur als diese gibt es nicht', stellte sie apodiktisch fest.

‚Wirklich?', wurde sie gefragt. ‚Ist die Aphrodite von Melos nicht schöner?'

‚Unmöglich! Sie ist einmalig.'

Als sie mitleidig belächelt wurde, fuhr sie beleidigt empor und erkundigte sich unwillig nach dem Grund.

‚Ach so', wurde sie weiter belächelt. ‚Sie weiß nicht, daß es sich um ein und dieselbe Göttin handelt, die im Italienischen allerdings anders heißt als im Griechischen.'"

Nachdem das leise Gelächter verklungen war, ergriff man die Champagnergläser. Als Regina Cordis das ihre erhob, fielen Großner ihre Armbänder auf. Bisher hatte er ihren Schmuck nicht betrachtet, weil ihn ihre Schönheit zu sehr gefesselt hatte. Doch jetzt stutzte er, und er sah …

Gelbe Perlen

Kaum hatte Großner sie erblickt, wandte er sich seiner Frau zu und sagte, sichtlich beeindruckt: „Liebes, schau dir doch einmal dieses Geschmeide an!"

Nun betrachteten es alle am Tisch Sitzenden. Krates wußte sich die bewundernden Blicke der anderen nicht zu deuten. Um dies zu überspielen, sagte er leichthin: „Ich habe noch nie Perlen verschenkt, weil, wie Emilia Galotti zu ihrer Mutter sagte, zumindest die Perlen, von denen man geträumt hat, als Vorboten eines kommenden Leides gelten. Man sollte alles vermeiden, was aus einem solchen Grund einer schönen Frau Tränen in die Augen treten läßt."

Zu gern hätte er jetzt Regina Cordis mit einem zärtlichen Blick bedacht, unterließ es jedoch, um den anderen nichts von seinen Gefühlen zu verraten.

„Aber, aber, Felix", sagte Frau Großner, „wenn ich dich nicht näher kennen würde, würde ich meinen, daß du abergläubisch bist. Da ich überzeugt bin, daß du es nicht bist, interessiert es mich zu wissen, wie derartig kostbare Stücke in Ihren Besitz gelangt sind", und wandte sich an Frau Cordis. „Es handelt sich doch sicherlich um Erbstücke?"

„Ganz recht. Einer meiner Großväter war Arzt, der sich auf Tropenkrankheiten spezialisiert hatte. Deswegen reiste er nach Indien, um sich in einem der dortigen Krankenhäuser so intensiv wie möglich mit deren Erforschung beschäftigen zu können.

Zur damaligen Zeit wurde dieser Halbkontinent von Großbritannien aus beherrscht. Die Königin von England war zugleich Kaiserin von Indien. Trotz seines oftmals immensen Reichtums besaß der einheimische Adel nur geringen politischen Einfluß. Das hieß allerdings nicht, daß er nur in Saus und Braus lebte. Es gab immer wieder Maharajas, die ein Herz für ihre Untertanen hatten und sich daher um ihr Wohlergehen kümmerten, indem sie zum Beispiel Schulen und Krankenhäuser bauen ließen. In einem von diesen war mein Großvater tätig.

Eines Tages wurde ein junger Mann eingeliefert, dessen Erkrankung nicht sogleich zutreffend diagnostiziert werden konnte. Ja, mehr noch: Die einheimischen Ärzte waren zunächst ratlos, und mein Großvater war es auch. Doch dann gelang es ihm, den Patienten zu heilen. Über diesen Fall hat er einen ausführlichen Bericht verfaßt, der sich heute noch im Familienbesitz befindet.

Doch nicht über ihn, der ihm weithin Anerkennung verschafft hat, möchte ich mich äußern, sondern über die Auswirkung seines unmittelbaren medizinischen Erfolges. Dieser junge Mann war einer der Söhne der Lieblingsschwester des Maharajas und zugleich ein guter Freund seiner eigenen Söhne. Ihn schätzte er so sehr, daß er ihn wie einen von diesen betrachtete.

In seiner grenzenlosen Freude über dessen Genesung, die hauptsächlich mein Großvater bewirkt hatte, schenkte er ihm diese Armbänder. Dies war eine besondere Auszeichnung.

In asiatischen Ländern gelten gelbe Perlen nämlich als besonders wertvoll. Da sie sehr selten gefunden werden, sind sie dem europäischen und ebenso dem amerikanischen Perlenhandel weitgehend unbekannt. Doch wegen ihrer Seltenheit brannten Maharajas und auch chinesische Nabobs geradezu darauf, sie zu besitzen. Für sie zahlten sie für ein Gran ohne weiteres ein Mehrfaches dessen, was sie für die erlesensten weißen Perlen aufgewandt hätten."

„Wenn das so ist", scherzte Großner, „umwindet diese zierlichen Handgelenke in etwa das, wofür man einen Rolls-Royce bekommen könnte."

Er lehnte sich zurück. Zufällig die Tochter Lebierts bemerkend, spottete er: „Diese Héloise – oder soll ich piepsen:

‚Heh – Luise!' – wirkt neben Ihnen, gnädige Frau, wie ein Bleßhuhn neben einem Schwan."

Als Krates mit leicht melancholischem Ton seufzte: „Schwan müßte man sein!", zischte ihn Regina Cordis an: „Aber ich bin nicht Leda!"

Krates zuckte zusammen. Betroffen über ihr völlig unerwartetes Verhalten, fragte er sich, was sie veranlaßt haben könnte, so zornig zu reagieren. Hatte er einen Fauxpas begangen? – Er sicherlich nicht! Doch was war dann der Grund?

Als er noch darüber nachgrübelte, wurden die Gäste ans Büfett gebeten. Krates erhob sich, verharrte jedoch, als er sah, daß Regina Cordis gerade Frau Großner eine Frage beantwortete. Diesen kurzen Moment nutzte er, um sich bei ihrem Mann zu erkundigen, ob der sich denken könne, was sie gemeint haben könnte.

„Du hast doch gerade gehört, was Frau Cordis zu mir gesagt hat. Das ist so seltsam, daß ich es mir nicht erklären kann."

„Ich schon."

„Dann verrate es mir."

„Nur ungern. Du wolltest ihr ein Kompliment machen, indem du dich ebenfalls als Schwan sahst, das heißt, daß du ihr Partner sein wolltest. Sie aber war gedanklich noch so sehr in der antiken Welt, daß sie bei ‚Schwan' unwillkürlich an Zeus dachte – und damit an Leda. Dir ist ja wohl bekannt, daß dieser sogenannte Göttervater durch seine Vergnügung mit Leda seinen zahllosen Ehebrüchen einen weiteren hinzugefügt hat. – Ich bedauere sehr, daß sie sich durch dein Wort, wenn auch von dir ungewollt, gröblich beleidigt gefühlt hat."

„Was rätst du mir zu tun?"

„Im Augenblick nichts. Geleite sie jetzt zum kalten Büfett. Wenn wir dann alle speisen, ist ja nur wenig Konversation möglich. Danach werden wir weitersehen."

„Gewiß."

Gerade als sich Krates Regina Cordis zugesellen wollte, erblickte er Frau Lebiert, und sein Zorn packte ihn abermals. Dieser steigerte sich noch, als ihm Héloises ungehöriges Wort vom schwarzen Schwan einfiel.

Ha! Jetzt erkannte er die Zusammenhänge so klar, daß er sich die Reaktion Regina Cordis' zweifelsfrei erklären konnte. Wäre nicht diese sie verletzende Bemerkung gefallen, wäre ihr sicherlich nicht der Gedanke an ‚Leda' gekommen. Verantwortlich für die häßliche Situation, in die er geraten war, war also – natürlich! – nicht er, sondern die Tochter Lebiert! Deren Mutter ließ er es jetzt entgelten. Die kam ihm gerade recht!

„Einen Augenblick noch", bat er und steuerte auf sie zu.

Eine Zurechtweisung

Die Art seines Auftretens ihr gegenüber war nur bei Kenntnis einer seiner Grundeinstellungen zu verstehen. Er rechnete die Lebierts zur Plebs. Dennoch konnten sie wegen gewisser geschäftlicher Rücksichten – bedauerlicherweise! – nicht gänzlich ausgeschlossen werden.

Frau Jette Lebiert war die Tochter eines kleinen Gewerbetreibenden und hatte eine denkbar einfache Kundschaft bedienen müssen. Dennoch war sie allmählich nach oben gekommen. Da sie hübsch war und ein gefälliges Wesen besaß, hatte sie ein Mann in besseren als den Verhältnissen geheiratet, aus denen sie stammte.

Nachdem die Ehe nach wenigen Jahren kinderlos geschieden worden war, hatte sie, da sie inzwischen ein kleines Vermögen ihr Eigen nannte, sich und vor allem dieses in ihre zweite Ehe eingebracht. Ihr Mann, der ebenfalls nicht mittellos war, hatte so geschickt gewirtschaftet, daß sie allmählich zu Geld gekommen waren. Der für beide und auch für ihre Tochter wichtigste Tag ihres Lebens war der, an dem ihr Konto erstmalig einen siebenstelligen Betrag auswies. Auch wenn die Gesamtsumme im unteren zweistelligen Bereich lag, konnten sie sich endlich mit vielen der Statussymbole umgeben, über welche die ‚feinen Kreise' verfügten, denen sie sich als nunmehr zugehörig betrachteten.

Doch genau dies war nicht der Fall, weil sie sich nicht aus ihrem ursprünglichen Milieu gelöst hatten, sondern ihm unverändert verhaftet geblieben waren. Ihr sozialer Aufstieg hatte sich im nur Äußerlichen vollzogen, war bloß eine Hülle, unter der sie ihren alten Gepflogenheiten gemäß weiterlebten. Er trank, um nur ein ebenso kleines wie bezeichnendes Beispiel zu nennen, das Bier nach wie vor am liebsten aus der Flasche.

Auf dessen Madam trat Krates zu und fragte nach einem nur angedeuteten Gruß kurz angebunden:

„Kennen Sie Frau Doktor Cordis?"

„Nein. Sie ist mir nicht vorgestellt worden."

Mit dem absichtlich herablassenden Ton, den Krates für seine Erwiderung wählte, verletzte er die Lebiert über das Inhaltliche hinaus.

„So, so! – Diese Dame, die mir die Ehre erwiesen hat, mich zu diesem Ball zu begleiten, gehört zu denjenigen, die nicht vorgestellt werden, sondern denen man vorgestellt wird und denen gegenüber man sich stets gehörig zu verhalten hat. Dies zur Kenntnisnahme, um Weiterungen zu vermeiden."

Dann wünschte er ihr scheinbar verbindlich einen „weiterhin schönen Abend", obwohl er ihr diesen eben so gründlich wie möglich verdorben hatte.

Ihr Mann, der zu weit entfernt gestanden hatte, um rechtzeitig herbeieilen zu können, trat aufgeräumt – Herrn Krates hatte es beliebt, mit ihr zu sprechen! – auf sie zu, um mit ihr zum kalten Büfett – nein, nicht etwa zu gehen, sondern zu schreiten. Doch als er ihre verstörte Miene sah, stutzte er. Noch bevor er sich erkundigen konnte, was vorgefallen war, greinte sie: „Nach Hause! Bring mich weg von hier."

„Aber Liebste! Jetzt gleich, unmittelbar vor Genuß des von dir so geschätzten Fasans?!"

„Halt 's M… – äh, halte den Mund. Ich will sofort weg." – Was blieb Lebiert anderes übrig, als ein Taxi zu bestellen und mit Frau und Tochter davonzufahren?

Kaum zu Hause angekommen, entlud sich über Héloise ein Donnerwetter, das die zunächst nur Schmollende bald laut aufheulend davonrennen ließ.

Mehr noch als sie war Lebiert betroffen. Als seine Frau die Redewendung Krates' über zu vermeidende Weiterungen gehört hatte, war er entsetzt zusammengezuckt. Man wußte, was damit gemeint war, nämlich: Dies sei die letzte Warnung.

Bliebe sie unberücksichtigt, würde es für die Gegenseite *sehr* unangenehm werden.

„Und das ausgerechnet jetzt!", stöhnte er auf, als er an die Durchführung eines Projektes dachte, an dem er mit erheblichen Mitteln beteiligt war. Für dessen erfolgreiche Durchführung war, wenn nicht das Wohlwollen, so doch zumindest die Duldung durch Krates erforderlich.

Während sich die Lebierts ungespeist davonmachten, begannen die anderen zu tafeln. Als sie anfingen, sich an Hummern zu delektieren, erheiterte sie einer von ihnen mit dem Gedicht von dem Dummen unter diesen. Dieser habe lieber rot als tot sein wollen und sei deshalb in kochend heißes Wasser gesprungen. Da sei er nun beides gewesen.

Sarkastischer wurde es, als Großner erzählte, wie man sich auf einer Reise eines lästigen Tischnachbarn entledigt hatte. Innerhalb dieser hatte sich ein kleiner Kreis zusammengefunden, den gemeinsame Interessen verbanden. Sie erstreckten sich nicht nur auf Kulturelles, sondern auch auf Kulinarisches.

„Als ein zudringlicher Mitreisender unaufgefordert an der Tafel Platz genommen hatte, an der sich die Runde bereits eingefunden hatte, hatte dieser sich erkundigt, was die anderen zu essen gedächten.

‚Einen Hummer, wie er ist.'

‚Natürlich. Wie denn sonst? – Mir bitte auch einen.'

‚Einen ganzen?'

‚Wie kann man so etwas fragen? – Selbstverständlich.'

Daraufhin erhielt der herbeigewinkte Kellner die Order: ‚Wir möchten diesem herrlichen Krustengetier in seiner natürlichen Form zu Leibe gehen und benötigen daher das entsprechende Besteck. – Das ist Ihnen doch recht?', erkundigte man sich bei dem Ungebetenen.

‚Wenn Sie wüßten, wie sehr!'

Es währte nur kurz, bis serviert wurde, doch noch schneller verschwand der Unerwünschte. Als nämlich die Bestecke vorgelegt und die ganzen Hummer gar, aber noch in ihren Panzern aufgetragen wurden, schaute er verstört auf. Mit einem Gesicht, das ebenso rot war wie das Gehäuse der Hummer, stammelte der Eindringling etwas von einem plötzlichen Unwohlsein und machte sich von hinnen."

Nachdem sich das Gelächter gelegt hatte, fuhr ein anderer fort. „An der Ostküste des Landes mit den angeblichen unbegrenzten Möglichkeiten – oder, vielleicht richtiger, mit den begrenzten Unmöglichkeiten – werden so viele Hummer gefangen, daß man sich vielerorts an ihnen gütlich tun kann. Das Lokal, in dem wir das gerade gemacht hatten, wollten wir nach dem Schmaus mit einem Digestif beenden. Doch dann verließen wir es fluchtartig. Wir sahen nämlich, daß eine feiste Landesbewohnerin eine dicke Schicht Ketchup über ihren Hummer goß und dazu Cola trank."

Während des Essens hatten sich die Lebierts davongemacht, ohne von irgend jemandem vermißt zu werden. Nach dessen Beendigung wurde nicht gleich wieder getanzt, damit man sich noch bei einem Digestif entspannen und entweder den Sängern lauschen oder ein leises Gespräch führen konnte. Anschließend wurde bis in die frühen Morgenstunden getanzt, ohne daß sich noch etwa Bemerkenswertes ereignet hätte.

Bei der Rückfahrt zu Regina Cordis' Wohnung bedauerte Krates es sehr, daß man sich in den nächsten Tagen nicht zu einer „Manöverkritik" treffen konnte, weil er beruflich außerordentlich eingespannt war.

Er war gebeten worden, als Sachverständiger zu einer Wirtschaftsdelegation zu treten, die der zuständige Minister leitete. So sehr ihm dies willkommen war, so bedeutete es für geraume Zeit außerordentlich viel Arbeit. Daher war es ihm, so sehr es ihn danach verlangte, nur zu selten möglich, sich mit Regina Cordis länger zu treffen. Sich mit ihr, wie ein verliebter Primaner, nur dann und wann für ein halbes Stündchen zu verabreden, hielt er für würdelos.

Die Aussprache

So bald wie möglich, bereits in den ersten Stunden des nächsten Tages, hatten sich die Verlobten getroffen. Ihre Begegnung begann allerdings ganz anders, als zu erwarten gewesen war. Bevor Regina mit ihrem Bericht über den Ball beginnen konnte, bat Eckehart sie, ihn anzuhören. Stimme und Bick wirkten gequält, als er hervorstieß:

„Ich bitte dich, mir zu vergeben und zu verzeihen."

Verwundert schaute sie ihn an.

„Mich plagt mein schlechtes Gewissen."

„Aber warum denn?"

„Weil ich dir nicht geraten habe, die Einladung zum Ball auf jeden Fall abzulehnen. Durch mein Fehlverhalten hätte ich uns beide in ein Unglück gestürzt, das allein ich zu verantworten gehabt hätte und das ich nicht ertragen haben würde."

Er senkte den Kopf und sammelte sich. Dann blickte er auf und begann in ruhigem Ton:

„Nicht, daß ich im Geringsten an dir gezweifelt habe – nur: Ich sah mich plötzlich in Angst und Schrecken versetzt, weil ich mich in keiner Weise gegen deine Teilnahme am Ball gesperrt und dich deswegen einer Versuchung ausgesetzt habe. Mich entsetzte der Gedanke, daß du verführt werden könntest. Nicht im physischen Sinn, sondern durch einen Antrag."

Als Regina sah, daß er seine innere Pein immer noch nicht überwunden hatte, umfing sie ihn und begann, ihn mit liebevollen Worten seelisch aufzurichten.

„Auf einen solchen Gedanken bin ich nie verfallen. Er lag so völlig außerhalb meiner Vorstellungen, daß er mir nie in den Sinn gekommen ist. Doch wenn dieser Fall eingetreten wäre, wäre ich nicht nur völlig überrascht gewesen, sondern wäre in die denkbar peinlichste Situation geraten. Was hätte ich, eine, *deine* Verlobte, antworten können?“ Sie schüttelte sich. „Wie gut, daß mir das erspart geblieben ist.“

Dann berichtete sie ihm von dem Empfinden, in das sie anfänglich durch den Charme Krates’ geraten war. „Hätte er um mich geworben – fast schien es mir so –, wäre ich in dem Moment tatsächlich etwas in Schwierigkeiten geraten. Wäre ich der Versuchung erlegen, wäre das nur durch den gegebenen Augenblick bedingt gewesen, nicht, weil mir Krates je etwas bedeutet hat – mich packt jetzt noch ein Grauen.

Doch nun das Entscheidende: Meine Kraft, die schlimme Lage zu überwinden, in die ich geraten war, entsprang unserer gegenseitigen tiefen inneren Verbundenheit. Dein in mir aufgestiegenes Wort von Liebe und Treue hätte bewirkt, daß ich dem Versucher nicht erlegen und bei einer Werbung standhaft geblieben wäre.

Und noch eins: Nachdem wir gerade das Wichtigste klären, sollten wir damit fortfahren.“

„Nämlich?“

„Den Termin für unsere offizielle Verlobung festlegen.“

Nachdem sie dies getan hatten, berichtete Regina ihm noch einige Einzelheiten.

Dies tat sie später auch gegenüber Doris und Bernhard. Nachdem sie sie gebeten hatte, über den offiziellen Termin zunächst zu schweigen, kam sie deren Wunsch nach, Näheres über den Ball zu berichten.

„Als die Corona Platz genommen hatte, meinte Krates aufgeräumt: ‚Wie zutreffend es doch ist, daß jeder Beruf in irgendeiner Weise sinnvoll ist. Das gilt auch dann, wenn er von Mönchen ausgeübt wird, wobei ich augenblicklich an einen bestimmten denke, nämlich –?‘, wandte er sich an mich.

Da ich diese Frage als provokant empfand, erwiderte ich nicht einfach „Dom Pérignon“, sondern sagte: „Dom Pierre.“

„Ich gebe mich geschlagen“, tat Krates scheinbar bekümmert. Dann blickte er in eine bestimmte Richtung und hob leicht die Hand. Sofort wurde der Champagner gebracht, zugleich auf einem weiteren silbernen Tablett vier Kristallvasen mit Orchideen.

Krates erhob sich, faßte nach einer von ihnen, wandte sich mir zu und überreichte sie mir mit einigen schmeichelhaften Worten. Dabei schaute er mir so ins Gesicht, daß seine Züge niemand anders sehen und er sein Gebalze mit so feurigen Blicken begleiten konnte, daß ich dahingeschmolzen wäre, wenn ich mich nicht inzwischen durch meinen Gedanken an Eckehard immunisiert hätte. Gelöst ergriff ich den mir dargebotenen Kelch und stieß dann mit allen an."

„Die Benennung des Balles nach diesen Blumen erscheint mir merkwürdig", setzte Bernhard das Gespräch fort. „Ich kann mir nicht helfen, daß sich Krates dies ausgedacht hat."

„Wie kommst du denn darauf?"

„In seiner Jugendzeit, in der er es ziemlich toll getrieben haben soll, hatte er einmal mit einer sehr offenherzigen Botanikerin angebandelt. Irgendwann hatte er ihr, aus welchem Grund auch immer, eine Orchidee überreicht. ‚Na?', hatte sie ihn kokett gefragt, ‚was soll denn diese Anspielung?'

Als er sie verständnislos angesehen hatte, war sie anzüglich geworden: ‚Die Knollen der Orchideen, die im Altertum als Aphrodisiakum weit verbreitet waren, galten als die von den Satyrn bevorzugte Speise. Als sich einer von ihnen namens Orchis an einer Priesterin des Dionysos vergreifen wollte, wurde er von Bestien zerfetzt und in eine Orchidee umgestaltet.' – Er verstand, als sie meinte, daß sie ihn nicht zerreißen würde, wenn er sich ihr gegenüber in der von ihr als angemessen betrachteten Weise verhalten würde.

Noch etwas anderes: Für diese Blumen kann ich mich nicht begeistern, weil sie auf mich, so prächtig sie auch aussehen, nicht so farbenfroh wie Rosen leuchten, sondern irgendwie stumpf wirken. Außerdem duften sie nicht."

„Nun", meinte Regina, „das war früher einmal. Ich hingegen möchte euch den Eindruck schildern, der mich auf dem Fest mehr als alle anderen beschäftigt hat.

Nach einer kleinen Lobrede auf seinen alten Freund Krates rühmte Großner ihn mit dem geradezu pathetisch klingenden Ausruf, daß sein Glück grenzenlos sei, und zwar in *jeder* Hinsicht. Dabei warf er mir einen derartig viel- oder vielmehr eindeutigen Blick zu, daß ich sein Gebaren als ausgesprochen unverschämt empfand."

„Du hast Großner gut nachgeahmt", brummte Bernhard. „Bevor er mit seinem Blick auf dich anspielte, zitierte er einen klassischen Vers. – Hm. – Wie lautet der weitere Text? – Ha, ich hab's! *Hier wendet sich der Gast mit Grausen.*

So sprach der König von Ägypten zum Herrscher von Samos. Er kündigte ihm die Freundschaft auf mit der Begründung, daß ihn die Götter – nun, sagen wir statt derer das Schicksal – verderben wollten. Zu *wem* sprach er?", fragte Bernhard und antwortete sich gleich selbst, indem er die Silben des Namens dehnte: „Zu Po–ly–kra–tes!"

„Meinst du wirklich, daß es Krates so ergehen könnte, wie sich der Gast gegenüber seinem Gastgeber geäußert hat?"

„Es ist nicht auszuschließen. Zumindest nicht, wenn man an das aus der *Glocke* stammende und sicherlich zutreffende Wort denkt, das Eckehard bei der Nachbereitung unserer Aussprache über sein Streitgespräch mit ihm genannt hat. Es ist doch wirklich so, daß sich mit dem Schicksal niemand dauerhaft zu seinen Gunsten arrangieren kann. Doch wie damals meine ich auch jetzt noch, daß es fruchtlos ist, darüber nachzugrübeln."

Kreuzfahrtpläne

Seit diesem Gespräch waren fast zwei Monate vergangen, in denen Regina von Krates nichts gehört hatte. Dennoch hatte dieser trotz ungewöhnlich großer Arbeitsbelastung immer wieder nicht nur an sie gedacht, sondern sich entschlossen, sie zu seiner rechtmäßigen Gemahlin zu erheben. Er hatte bereits damit begonnen, Gelegenheit und Zeitpunkt für seine Werbung zu planen.

Und Eckehart und Regina? Sie hatten den offiziellen Termin für ihre Verlobung festgelegt. Diese sollte in ihrem Elternhaus gefeiert werden, das in einer mehrere Hundert Kilometer entfernten Stadt lag.

Nur wenige Tage, bevor Regina nach Hause reiste, um die notwendigen Vorbereitungen zu treffen, war es Krates möglich geworden, sie anzurufen.

„Wie freue ich mich, Sie endlich wieder sprechen zu können. Nicht nur jetzt, am Telefon, sondern, wie ich sehr hoffe, auch bald direkt. Darf ich Sie zu übermorgen Nachmittag zu einem Tee ins Kaminzimmer des *Majestic* bitten? Verzeihen Sie bitte", fügte er betont höflich hinzu, „den kurzfristigen Termin. Ich werde Ihnen die Gründe dafür erläutern – bevor ich Sie mit einem gewissen Vorhaben überrasche."

Höflich nahm Regina Cordis seine Einladung an und bezeichnete das baldige Treffen als günstig, weil sie zwei Tage später für einige Zeit verreisen werde.

Als sie sich wie verabredet trafen, kam Krates gleich zur Sache.

„Ich lasse mir eine neue Jacht bauen, die demnächst vom Stapel laufen wird. Erlauben Sie mir, Sie jetzt schon zu diesem Geschehnis einzuladen und Sie außerdem zu bitten, sie zu taufen."

„Wann wird das sein?", erkundigte sich Regina Cordis beunruhigt, indem sie an ihre bevorstehende Verlobung dachte.

Er nannte ihr den ungefähren Termin. Obwohl sie innerlich befreit aufatmete, setzte sie eine bekümmerte Miene auf: „O weh! Zu dem Zeitpunkt bin ich verhindert, weil ich auf einer mehrwöchigen Exkursion sein werde."

„Sosehr ich dies bedauere", antwortete Krates, ohne sich seine Enttäuschung anmerken zu lassen, „so ist es doch erst der Stapellauf. Wirklich schön wird es erst, wenn man erstmals in See sticht – und Sie an Bord sind!"

Ihre Zusage hielt er für so selbstverständlich, daß er sie gar nicht erst abwartete, sondern fortfuhr: „Es wird zwar noch einige Zeit dauern, bis sie zu ihrer Jungfernfahrt auslaufen kann, doch ich habe schon die Route geplant.

Da ich jede Gelegenheit wahrnehme, meinen Privatjet selbst zu steuern, fliegen wir nach Lübeck, wo wir von einem meiner Wagen abgeholt werden. Nach einem zwanglosen Begrüßungsglas an Bord beziehen Sie und die übrigen Gäste ihre Suiten und ruhen ein wenig.

Dann wird's offiziell: zunächst Sektempfang, dann Galadinner, das wir natürlich ebenfalls an Bord einnehmen werden. Anschließend kann man sich je nach Laune entweder gleich zurückziehen oder bei maritimen Getränkespezialitäten noch ein wenig plaudern.

Währenddessen sind wir schon in See gestochen, legen am frühen Nachmittag in Savonlinna an, um abends eine Opernaufführung zu besuchen. Dies wird alles sehr bequem vonstatten gehen. Der bordeigene Hubschrauber bringt uns bis in die Nähe des Opernhauses. Die Wagen werden so rechtzeitig an Land gebracht worden sein, daß sie für uns abfahrfertig bereitstehen. Sie werden uns ohne jede Verzögerung bei der Oper vorfahren.

Die Rückfahrt unterbrechen wir in Helsinki, um im Felsentheater einer Ballett-Inszenierung beizuwohnen. – Dies zum Programmablauf."

Sich etwas vorbeugend, griff Krates nach einer großen Skizze und zeigte sie ihr. „Auf dieser Abbildung läßt sich die räumliche Gestaltung der Suiten, die mir übrigens sehr gefallen, gut erkennen. Jede besitzt drei Eingänge: den zu einem geräumigen Wohnraum und je einen, der daneben zu den Schlafzimmern führt, die zu dessen beiden Seiten ebenfalls vom Flur aus betreten werden können."

Als Regina Cordis die Zeichnung genau musterte, fiel ihr auf, daß die sich zum Wohnraum öffnenden Innentüren der beiden Schlafräumlichkeiten keine Schlüssellöcher besaßen. Man konnte sie also nicht abschließen.

Daß dies dennoch möglich war, konnte sie nicht erkennen, weil die Hebel an der Tür auf der Schlafseite, durch deren Betätigung sie verriegelt werden konnten, nicht sichtbar waren. In Unkenntnis dessen dachte sie: „Hinterlistiger Fuchs! Zunächst betritt jeder seinen Teil der Suite, und wenn man dann drin ist ... Das könnte dem so passen!", doch laut war sie voll des Lobes.

Nur eins bereitete ihr Sorge: Wie konnte sie es einigermaßen geschickt bewerkstelligen, daß sie, offiziell verlobt, gar nicht mitreisen konnte, zumal da sie dies auf keinen Fall wollte? – Nun, mit Eckehart gemeinsam würde sie eine Lösung finden.

Nachdem sie sich verabschiedet hatte, beschäftigte sich Krates sorglos aufs Angenehmste mit dem geheimen Teil seines Planes. Er hatte ihn schon anläßlich des Stapellaufs verwirklichen wollen, hätte ihn jedoch wegen Regina Cordis' Verhinderung nicht verwirklichen können. Doch jetzt würde es bald so weit sein!

Vor Beginn der Ruhepause nach dem Begrüßungstrunk würde er sie abfangen und sie um ihre Hand bitten. Nach dem Verlobungskuß wollte er sie mit ihrem Glück allein lassen, damit sie es in aller Ruhe fassen konnte. Und dann! Wie würden sie gemeinsam strahlen, wenn er dies der auserlesenen Schar der Gäste beim Empfang offiziell verkünden würde! – „Ja", triumphierte er, „unermeßlich ist mein Glück!"

Der Untergang

In der Zeit bis zum Beginn der Kreuzfahrt hatte sich etwas begeben, was für ihn alles zunichte machte, doch Regina jeglicher Sorge enthob.

Sie hatte einen Patenonkel, dem der Wunsch, neben seinen drei Söhnen eine Tochter zu haben, versagt geblieben war. So kam es, daß er sie, die Tochter seiner Schwester, so wie eine eigene ins Herz schloß.

Nun war er unversehens schwer erkrankt. Zwar war er nach längerem Leiden wieder gesundet, doch ein kurzer Rückfall hatte ihm zu denken gegeben. Wie würde es mit ihm weitergehen? Er wollte doch unbedingt dabei sein, wenn sie ihre Hochzeit feierte! Daher bat er sie inständig, eher als beabsichtigt den Bund fürs Leben zu schließen.

Was hörten die Verlobten lieber als dies? So kam es, daß sie zwar ungeplant, aber keineswegs ungewollt früher als vorgesehen in den Hafen der Ehe einliefen.

Von alledem wußte Krates nichts, weil er auf Geschäftsreise im Ausland war. Kaum zurückgekehrt, wollte er sich mit der Auserkorenen in Verbindung setzen. Er kam jedoch nicht gleich dazu, weil er zunächst auf eine Anfrage aus dem Büro des Ministers reagieren mußte. Um sie anschließend möglichst schnell sprechen zu können, beauftragte er seine Sekretärin, sie auf seinen Anruf vorzubereiten.

Diese tat es, doch es antwortete eine fremde Stimme. Als sie Frau Regina zu sprechen verlangte, wurde ihr mitgeteilt, daß „Frau Doktor" verzogen sei. Auf ihre Nachfrage, wo sie zu erreichen sei, wurde ihr bedeutet, daß das nicht möglich sei.

Der dafür genannte Grund ließ die Chefsekretärin zusammenzucken. In ihrer Funktion hatte sie weit mehr als andere erkannt, wie es in diesem Punkt um Krates stand. Fieberhaft überlegte sie, wie sie ihm die für ihn so furchtbare Nachricht möglichst schonend beibringen konnte.

Sie war sich noch nicht schlüssig geworden, als er sie ungeduldig anherrschte, ob sie immer noch nicht wisse, wo „sie" war. Betroffen durch sein Gepolter platzte sie heraus: „Auf Hochzeitsreise."

Schweigen; dann ein dumpfer Laut, der, kaum hörbar geworden, in dem sofort ertönenden Freizeichen erstarb.

Krates befand sich in einem unbeschreiblichen Zustand: Er war im Kern seines Wesens getroffen worden. Erst nach und nach gelang es ihm, seine Gemütserregung so sehr zurückzudrängen, daß er einen halbwegs klaren Gedanken fassen konnte. Dann begann er, soweit er dazu schon in der Lage war, sie zu analysieren.

So tief es ihn seelisch verletzte, die begehrte Frau nicht erlangt zu haben – er wäre allmählich darüber hinweggekommen, wenn sie wegen eines Unfalls oder einer Krankheit das Leben verloren hätte. Das wäre höhere Gewalt gewesen, gegen die selbst er machtlos war. Doch so!

Seine zwischen Bestürzung und Wut schwankenden Überlegungen befaßten sich ausschließlich mit sich selbst. Es bedeutete ihm denkbar wenig, daß „sie" einen anderen bevorzugt hatte, sondern es ging ihm einzig und allein darum, daß es *ihm* nicht gelungen war, „sie" für sich zu gewinnen. Wie hatte das überhaupt sein können?

Für ihn, den Kerngesunden in seinen besten Mannesjahren, immer vom Glück Begünstigten, stets Erfolgreichen, hoch Angesehenen, vielfach Bewunderten und Beneideten war es unfaßbar, daß er erfolglos geblieben war und – das war das Allerschlimmste – daß er nichts tun konnte, um die Lage zu seinen Gunsten zu ändern.

Die Erkenntnis, völlig machtlos zu sein, traf ihn zutiefst, ja geradezu tödlich. Sie zertrümmerte sein maßlos übersteigertes Selbstwertgefühl vollständig. Das Bewußtsein, nur noch ein

Hilfloser zu sein, der es nicht im Geringsten vermocht hatte, etwas nach seinem Willen zu gestalten, gab dem in seinem Innersten Vernichteten ein, daß es nur noch eins gab: ein heroisches Scheiden.

Krates war so gewohnt, alles selbst zu bestimmen, daß er nach seinem Entschluß, sein Leben zu beenden, genau durchdachte, wie er ihn ausführen wollte. Sein Freitod mußte unbedingt wie ein tragischer Unfall wirken. Er entschied sich, mit seinem Privatjet zu „verunglücken". Er wollte nicht etwa während eines Fluges abstürzen, sondern es sollte vor möglichst vielen Augen geschehen, beim Landeanflug. Er würde durch eine Drei-Punkt-Landung die Maschine zu Bruch gehen lassen – und sich selbst mit.

Das war ohne weiteres zu bewerkstelligen: Jedes landende Flugzeug setzt zuerst mit dem Hauptfahrwerk auf. Dann wird seine „Nase" so nach vorn gedrückt, daß das Bugrad den Boden berührt. Dieses Verfahren gilt auch dann, wenn eines ein Heckrad hat. In diesem Fall wird der Rumpf nach hinten abgesenkt. Selbst ein Segelflugzeug, das mittig nur über ein einziges Rad verfügt, mit dem es aufsetzen kann, landet auf diese Weise.

Bei der von ihm geplanten Landung würde er mit allen Rädern zugleich aufsetzen, dann das Steuer etwas hochreißen, um es sofort mit solcher Kraft nach vorn zu stoßen, daß das Fahrgestell zusammenknicken mußte, die Maschine auf den Beton der Landebahn krachte und wegen der zu hohen Anfluggeschwindigkeit zertrümmert wurde.

Welch ein schneidiger Abgang! Wie würde das tragische Ende eines der bedeutendsten Wirtschaftsführer des Landes nicht nur allgemein bedauert, sondern zutiefst beklagt werden! Und dann die Beisetzung mit ihren zahlreichen, ihn so rühmenden Reden!

Damit jedoch niemand auf den Gedanken verfiel, es könnte sich bei seinem „Unfall" um einen Freitod handeln, wollte er ihn so vorbereiten, daß eine derartige Annahme von vornherein als absurd erschien.

Er würde zu Beginn des Tages, an dem er zu seinem letzten Flug starten würde, verschiedene Termine ausmachen, die er gleich nach seiner Landung wahrnehmen wollte. Vielleicht ließ sich außerdem mit jemandem wegen einer geschäftlichen Unterredung ein Treffen am Flughafen vereinbaren.

Es kam ganz anders. Vorher noch hatte Krates einen alten Jagdfreund besuchen wollen, der zwar etwas weiter entfernt wohnte, was ihn jedoch nicht störte. Im Gegenteil, er konnte seinen Wagen endlich wieder einmal so richtig ausfahren und die hundertfünfzig Kilometer in einer guten Stunde zurücklegen.

Nach Überquerung einer Wetterscheide geriet er in ein Unwetter. Trotz des starken Regens, der seine Sicht erheblich einschränkte, behielt er sein Tempo bei. Da erblickte er unversehens dicht vor sich mehrere rote Leuchten. Eine Straßensperre? Er bremste sofort. – Nein, es waren die Hecklichter eines witterungsbedingt sehr langsam fahrenden Autos. Er war so schnell herangerast, daß er, um ein Auffahren zu vermeiden, auf die Gegenfahrbahn lenkte, an dem anderen vorbeischoß und mit wieder erheblich gesteigerter Geschwindigkeit davonjagte.

Da geschah es. Urplötzlich neigte sich sein Wagen nach vorn. Er sah irgendetwas unerkennbar Schwarzes, gegen das sein Wagen mit solcher Wucht prallte, daß er zerschmettert wurde.

Was war geschehen? – Ein Bach, der neben der Straße verlief, war durch die überquellenden Wassermassen unversehens so reißend geworden, daß er einen Teil der Straße unterspült hatte. Nachdem der Druck zu groß geworden war, zerbrach die ausgehöhlte Asphaltdecke und versank in einem großen Loch. In diesem fand er sein Ende.

Der inzwischen herangekommene andere Verkehrsteilnehmer konnte nicht mehr helfen. Ihm blieb nur, die Unfallstelle zu sichern und über Sprechfunk den zuständigen Stellen den Unfall zu melden.

„Ein Unfall? War es wirklich einer?“

So fragten sich Bernhard und Doris Altenbusch. Sie hatten früher als die anderen Angehörigen ihres Freundeskreises ihr Stammlokal aufgesucht, um wegen einer Veranstaltung vorab einige Fragen zu klären, deren Ergebnisse sie jenen mitteilen konnten.

Wie üblich saßen sie in dem kleinen Nebenraum. Wie vorteilhaft war es, in dessen Abgeschlossenheit über alles gänzlich frei sprechen zu können!

Von Zeit zu Zeit öffnete sich die Tür und ein Kellner erkundigte sich nach weiteren Wünschen. Als das gerade wieder einmal der Fall war, hörten sie rufen: „Extrablatt! Extrablatt!“ Nach diesem verlangten sie beim Aufgeben ihrer Bestellungen. Es wurde ihnen sofort gebracht.

„Tragischer Unfalltod“, lautete die in riesigen Lettern gedruckte Überschrift des Blattes, dessen eine Hälfte von einem großformatigen Bild Krates’ ausgefüllt war.

„Auch wenn es sich“, begann Bernhard mit gedämpfter Stimme, „um das Morgenlied eines Reiters handelt, trifft es inhaltlich auch heute noch unverändert zu: ‚Gestern noch auf stolzen Rossen – morgen in das kühle Grab!‘

In diesem Augenblick drängt sich mir nicht nur das von Eckehart vorgetragene Zitat über das – schnell schreitende – Unglück auf, weil mit dem Schicksal niemand das eigene ständige Wohlergehen vereinbaren kann, sondern auch das von der die Blitze brechenden Glocke.

Als er damals davon sprach, überlegte ich im Stillen, ob nicht auch der Verblichene eines Tages gebrochen werden würde, doch ich schob diese Frage beiseite. Ich hielt es für unergiebig, darüber nachzugrübeln, in welche Lage er geraten müßte, damit ihm dies widerfahren könnte.“

„Ich vermute es“, sagte Doris kaum hörbar.

„Du meinst?“

„Ja. Regina hat mir erzählt, wie sehr sich Krates bereits vor und nach dem Ball, vor allem aber auf diesem selbst, um sie bemüht hat. Mit seinem Charme hat er sie, wie sie frank und frei sagte, ziemlich beeindruckt. Doch sie war, was er ja nicht wissen konnte, mit Eckehart verlobt. Daher wäre er selbst dann, wenn er ernste Absichten verfolgt hätte, erfolglos geblieben.

Doch das nahm sie nicht an, sondern war vielmehr überzeugt, daß er nur auf ein Abenteuer aus war. Dieser Eindruck verstärkte sich erheblich durch das Verhalten seines Freundes Großner. Dieser pries ihn über die Maßen und betonte, daß dessen Glück, und zwar in *jeder* Beziehung, unermeßlich sei. Dabei blickte er sie derart dummdreist an, daß sie ihn mit einem unsäglich geringschätzigen Blick fixierte, der nachhaltiger als jede Ohrfeige wirkte.“

„Wie aufschlußreich“, sagte Bernhard und meinte dann: „Selbst wenn Krates wirklich beabsichtigt haben sollte, sie zu heiraten, hätte ihn die Enttäuschung über seine mißglückte Werbung nicht in den Tod getrieben. Falls er sein Leben tatsächlich selbst beenden wollte, dann sicherlich nicht deswegen. Wenn er es vorgehabt hat, dann aus ganz anderen Motiven.

Wäge ich alles gegeneinander ab, halte ich es doch für das Wahrscheinlichste, daß er sich selbst vernichten wollte. Er war jemand, der längst so abgehoben war, daß er jegliche Bodenhaftung verloren hatte. Sicherlich hätte – oder hat? – er ein dramatisch wirkendes Ende geplant, eines, das allgemeine Aufmerksamkeit und Anteilnahme erregt hätte.

Denke doch nur an seine Auffassung, die er während des Streitgesprächs über die Herrenmoral vertreten hat! Aus ihr läßt sich sein Verhalten ohne weiteres erklären. Sich selbst treu bleiben konnte er nur, wenn er seinen diesbezüglichen

Überzeugungen gemäß handelte. Das hat er getan. Er ist an sich selbst zugrunde gegangen.

Der Mensch ist eben nicht das Maß aller Dinge. Und er lebt auch nicht vom Brot allein, sondern von einem jeglichen Wort, das aus dem Mund dessen kommt, den er geleugnet hat."

Sein kurzes nachdenkliches Schweigen beendete Bernhard mit den Worten: „Welches auch immer die wirklichen Gründe für sein vorzeitiges Ende gewesen sind – möge er ruhen in Frieden."